大食物观下的耕地利用

已利用耕地食物供给能力与撂荒耕地再续利用

邹金浪 ◎ 著

中国财经出版传媒集团
经济科学出版社
Economic Science Press
·北京·

图书在版编目（CIP）数据

大食物观下的耕地利用：已利用耕地食物供给能力与撂荒耕地再续利用 / 邹金浪著． -- 北京：经济科学出版社，2023.10

ISBN 978 - 7 - 5218 - 5297 - 4

Ⅰ.①大… Ⅱ.①邹… Ⅲ.①耕地利用 - 研究 - 中国 Ⅳ.①F323.211

中国国家版本馆 CIP 数据核字（2023）第 201233 号

责任编辑：白留杰　凌　敏
责任校对：蒋子明
责任印制：张佳裕

大食物观下的耕地利用：已利用耕地食物供给能力与撂荒耕地再续利用

邹金浪　著

经济科学出版社出版、发行　新华书店经销
社址：北京市海淀区阜成路甲 28 号　邮编：100142
教材分社电话：010 - 88191309　发行部电话：010 - 88191522
网址：www.esp.com.cn
电子邮箱：bailiujie518@126.com
天猫网店：经济科学出版社旗舰店
网址：http://jjkxcbs.tmall.com
北京密兴印刷有限公司印装
710×1000　16 开　12 印张　185000 字
2023 年 10 月第 1 版　2023 年 10 月第 1 次印刷
ISBN 978 - 7 - 5218 - 5297 - 4　定价：52.00 元
(图书出现印装问题，本社负责调换。电话：010 - 88191545)
(版权所有　侵权必究　打击盗版　举报热线：010 - 88191661
　QQ：2242791300　营销中心电话：010 - 88191537
　电子邮箱：dbts@esp.com.cn)

前　　言

"消除饥饿、实现粮食安全、改善营养状况和促进可持续农业"是第2项2030年联合国可持续发展目标。然而，2022年全世界有6.91亿~7.83亿人面临饥饿，世界在努力实现到2030年消除饥饿的宏伟目标已经"远远偏离正轨"。

虽然中国已经实现消除饥饿的目标，但是当前中国食物供给正面临膳食结构不合理、资源趋紧和环境退化、国际环境不稳定等多重风险挑战。中国已经进入从中等收入向高收入迈进、向全面建设社会主义现代化国家进军的新阶段，需要全面提升食物安全保障的能力和水平。保障未来食物安全，不只是重大的民生问题，还是重要的国家战略。党的二十大报告明确提出，树立大食物观，发展设施农业，构建多元化食物供给体系。为践行大食物观，2023年，国务院发布《关于做好2023年全面推进乡村振兴重点工作的意见》，专门对"构建多元化食物供给体系"作了具体部署。大食物观是新时期中国粮食安全观的深化和拓展，是为了全面应对未来食物安全风险挑战。尽管大食物观提出要向整个国土资源要食物，但耕地资源仍是食物生产中最重要的生产资源，其合理利用是落实大食物观的重要基础。

大食物观对耕地利用提出了新的要求，然而，当前中国耕地利用还面临

"非粮化""一刀切"整治、撂荒耕地再续利用面临"政府着急、农民不急"困局等问题。部分地区在遏制耕地"非粮化"的实践中，将没有种植水稻、小麦和玉米三类谷物作物的耕地都简单地认定为"非粮化"进行整治，体现了部分地方政府对"非粮化"与"非食物化"之间边界的认知不清晰，已经超出"非粮化"整治的合理范围，偏离了"非粮化"整治的本来目的。如何在大食物观指导下处理好防止耕地"非粮化"与促进耕地合理"食物化"的关系需要得到重点关注。

2020年以来，中央政府对耕地撂荒问题予以了特别关注，对撂荒耕地再续利用越来越重视。2021年，农业农村部印发《关于统筹利用撂荒地促进农业生产发展的指导意见》；2023年，国务院发布《关于做好2023年全面推进乡村振兴重点工作的意见》，进一步提出要"加大撂荒耕地利用力度"。2023年7月，中央财经委员会第二次会议强调"加强撂荒地治理，摸清底数，分类推进，因地制宜把撂荒地种好用好"。然而，现实中农户进行撂荒耕地再续利用的积极性依然不高，而农户参与是推进撂荒耕地再续利用的微观基础，迫切需要从农户视角对撂荒耕地再续利用展开深入研究。

从宏观和微观两个尺度、从已利用和未利用（撂荒）两个维度，构建大食物观下的耕地利用分析框架，揭示中国耕地食物生产的演变规律，刻画政府推动撂荒耕地再续利用的时空特征，梳理政府推动撂荒耕地再续利用的政策工具，厘清农户开展撂荒耕地再续利用的响应机制。一方面，有助于丰富耕地利用变化的理论体系，尤其是拓展国内耕地撂荒的研究深度和广度，填补国内撂荒耕地再续利用研究的不足。另一方面，能够为大食物观指引下耕地合理利用、"非粮化"治理、有序推进撂荒耕地再续利用等耕地可持续利用管理提供科学依据。

本书共八章，各章的主要内容如下：

第一章，绪论。介绍了本书的研究背景与意义；梳理了耕地食物供给、撂荒耕地再续利用、撂荒耕地治理、农户理性行为等方面的国内外研究进展；凝练了本书的研究目的与研究内容，描述了本书的研究方法与技术路线。

前　言

　　第二章，基础理论与研究框架。界定了大食物观下的耕地利用、耕地食物供给能力、撂荒耕地再续利用等概念及内涵；简述了农户行为理论、理性选择理论、态度-情境-行为理论、政策工具理论等基础理论；介绍了本书的研究框架。

　　第三章，中国耕地食物热量变化与"非粮化"影响。首先，采用营养成分法以热量作为统一量纲计算了耕地食物生产总量，归纳1978年以来中国耕地食物生产的时空特征和演化规律；然后，采用对数平均迪氏指数（LMDI）方法对耕地食物热量结构进行分解；最后，评估了"非粮化"对耕地食物生产变化的影响程度。

　　第四章，中国耕地食物产值变化与结构特征。首先，采用价格作为统一量纲计算了耕地食物生产总量，分析了2004年以来中国耕地不同农作物（包括食物）产值分配格局；然后，揭示了中国主要农作物产值的变化趋势及区域差异；最后，探索了产量与价格对农作物产值变化的影响程度。

　　第五章，丘陵山区农户耕地撂荒特征及代际异质性。首先，借助代际社会学中的"社会代"理论构建了丘陵山区农户耕地撂荒行为代际差异分析框架；然后，基于典型丘陵山区赣南于都县的农户微观调查数据，利用Logit模型和Tobit模型进行实证分析；最后，采用不同方式对实证分析结果进行多重稳健性检验。

　　第六章，中国撂荒耕地再续利用时空格局与政策工具。以2020~2022年发布的县级行政区撂荒耕地再续利用新闻报道为研究对象，首先分析了中国撂荒耕地再续利用时空格局，包括是否开展撂荒耕地再续利用和撂荒耕地再续利用种植结构两个方面；然后基于环境型、供给型和需求型政策工具分类，总结了中国推进撂荒耕地再续利用所采用的政策工具特征。

　　第七章，农户理性、政策情境与撂荒耕地再续利用。首先遵循"态度-情境-行为"的逻辑主线，综合农户理性视角和政策情境因素，建立了农户理性视角下撂荒耕地再续利用及政策干预理论模型；然后，采用山西、江西、陕西、安徽、湖南5个省份476份农户微观调查数据，利用结构方程模型和调节效应分析方法对研究假设进行实证检验。

第八章，研究结论与展望。凝练了本书的研究结论，基于研究结论提出了政策启示，探讨了进一步研究展望。

本书是国家自然科学基金项目"丘陵山区撂荒耕地复耕政策效果及优化研究——基于对异质性农户的考察"（72164014）和"南方旱改水型农田整治的时空演进、影响效应及其优化调控研究：以江西省为例"（42361045）阶段性成果。

江西财经大学应用经济学院（数字经济学院）谢花林教授、姚冠荣副教授等对本书提出了大量有益的建议，张传、刘陶红、徐龙、段娜、余少凤、张萌、徐浩、彭志、曾宏鸿、曾婷、罗佳伟等参与了部分研究、编辑和校对工作，对他们表示衷心的感谢。

本书引用了大量参考文献，在此对文献的作者们表示衷心的感谢。由于作者学识有限，书中难免有错误与疏漏之处，恳请专家学者不吝斧正。

邹金浪

2023 年 10 月

目 录

第一章 绪论 ……………………………………………………………… 1
    第一节 研究背景与意义 ………………………………………………… 1
    第二节 国内外研究进展 ………………………………………………… 3
    第三节 研究目的与内容 ………………………………………………… 14

第二章 基础理论与研究框架 ………………………………………… 16
    第一节 概念及内涵 ……………………………………………………… 16
    第二节 基础理论 ………………………………………………………… 19
    第三节 研究框架 ………………………………………………………… 24

第三章 中国耕地食物热量变化与"非粮化"影响 ………………… 26
    第一节 引言 ……………………………………………………………… 26
    第二节 研究方法与数据来源 …………………………………………… 27
    第三节 中国耕地食物热量的时空变化 ………………………………… 32
    第四节 中国耕地食物热量变化的结构分解 …………………………… 45
    第五节 "非粮化"对耕地食物热量变化的影响程度 ………………… 47

第六节 小结 …………………………………………………… 50

第四章 中国耕地食物产值变化与结构特征 …………………… 52
 第一节 引言 …………………………………………………… 52
 第二节 数据来源与研究方法 ………………………………… 53
 第三节 中国耕地食物产值结构 ……………………………… 55
 第四节 中国耕地食物产值结构的空间差异 ………………… 59
 第五节 小结 …………………………………………………… 74

第五章 丘陵山区农户耕地撂荒特征及代际异质性 …………… 76
 第一节 引言 …………………………………………………… 76
 第二节 理论分析与研究假说 ………………………………… 77
 第三节 数据来源与研究方法 ………………………………… 80
 第四节 不同代际农户耕地撂荒特征分析 …………………… 83
 第五节 代际差异对农户耕地撂荒行为的影响 ……………… 84
 第六节 小结 …………………………………………………… 89

第六章 中国撂荒耕地再续利用时空格局与政策工具 ………… 90
 第一节 引言 …………………………………………………… 90
 第二节 研究方法及数据来源 ………………………………… 91
 第三节 撂荒耕地再续利用时空格局 ………………………… 92
 第四节 撂荒耕地再续利用政策工具 ………………………… 101
 第五节 小结 …………………………………………………… 110

第七章 农户理性、政策情境与撂荒耕地再续利用 …………… 112
 第一节 引言 …………………………………………………… 112
 第二节 理论分析与研究假说 ………………………………… 112
 第三节 研究方法与数据来源 ………………………………… 118

第四节　农户理性与撂荒耕地再续利用 …………………… 132
　　第五节　政策情境对农户理性与撂荒耕地再续利用的调节效应 …… 139
　　第六节　小结 …………………………………………………… 153

第八章　研究结论与展望 ……………………………………… 155
　　第一节　主要结论 ……………………………………………… 155
　　第二节　政策启示 ……………………………………………… 157
　　第三节　研究展望 ……………………………………………… 160

参考文献 ………………………………………………………… 162

| 第一章 |

绪　　论

第一节　研究背景与意义

"消除饥饿、实现粮食安全、改善营养状况和促进可持续农业"是第 2 项 2030 年联合国可持续发展目标。联合国粮食及农业组织（FAO）、国际农业发展基金（IFAD）、联合国儿童基金会（UNICEF）、世界卫生组织（WHO）和世界粮食计划署（WFP）指出，2022 年全世界有 6.91 亿～7.83 亿人面临饥饿，如果放任态势发展，世界各国无法如期实现到 2030 年消除饥饿的可持续发展目标（FAO et al.，2023）。

中国已经实现消除饥饿的目标。然而，当前中国食物供给正面临膳食结构不合理、资源趋紧和环境退化、国际环境不稳定等多重风险挑战（樊胜根，2022；孔祥智和宋乐颜，2023）。中国已经进入从中等收入向高收入迈进、向全面建设社会主义现代化国家进军的新阶段，需要全面提升食物安全保障的能力和水平（程国强，2023）。中国居民食用油和盐摄入量偏高，而全谷物、深色蔬菜、水果、奶类、鱼虾类和大豆类摄入普遍不足（中国营养学会，2021）。今后中国居民食物消费在总体上保持传统消费模式的同时，将进一步向多元化、营养化、健康化转型升级（樊胜根，2022；程国强，2023）。中国在很长一段时间里，高强度农业资源开发和过度利用诱发了耕地质量下降、土壤污染、地下水资源超采等一系列问题，亟须探索与人民生活需求相适应、与资源环境承载力相匹配的现代农业生产结构和区域布局（陈浮等，2023）。世界百年未有之大变局叠加全球疫情、气候变化和地区冲突，给全球粮食市场带来剧烈冲击，也增加了中国食物安全面临的外部风险（程国强和朱满德，2020）。

保障未来食物安全，不仅是重大的民生问题，还是重要的国家战略。为此，顺应时代要求，中国提出要树立大食物观。党的二十大报告明确提出，树立大食物观，发展设施农业，构建多元化食物供给体系。为践行大食物观，2023年的中央一号文件专门对"构建多元化食物供给体系"作了具体部署。大食物观是新时期中国粮食安全观的深化和拓展，是为了全面应对未来食物安全风险挑战（樊胜根，2022；程国强，2023）。尽管大食物观提出要向整个国土资源要食物，但耕地资源仍是食物生产中最重要的生产资源，其合理利用是落实大食物观的重要基础（宋敏和张安录，2023）。

大食物观对耕地利用提出了新的要求。然而，当前中国耕地利用还面临"非粮化""一刀切"整治、撂荒耕地再续利用面临"政府着急、农民不急"等问题。耕地"非粮化"既包括占用耕地种树造林、挖塘养鱼等行为，也包括在耕地上种植经济作物。部分地区在遏制耕地"非粮化"的实践落地中，将没有种植水稻、小麦和玉米三类谷物作物的耕地都简单地认定为"非粮化"进行整治，南方部分地区在实践中甚至将"非水稻"等同于"非粮化"，这种做法体现了部分地方政府对"非粮化"与"非食物化"之间边界的认知不清晰，已经超出"非粮化"整治的合理范围，偏离了"非粮化"整治的本来目的（孟菲等，2022）。而中国居民对主粮的消费需求趋低，对食物全方位、全周期的健康需求越发明显，如何在大食物观指导下处理好防止耕地"非粮化"与促进耕地合理"食物化"的关系需要得到重点关注（孟菲等，2022；蓝红星和李芬妮，2022；陈浮等，2023；宋敏和张安录，2023）。

另外，2020年以来，中央政府对耕地撂荒问题予以了特别关注，对撂荒耕地再续利用越来越重视。2021年，农业农村部印发了《关于统筹利用撂荒地促进农业生产发展的指导意见》，要求从政策扶持、基础设施建设、土地流转、指导服务、宣传引导、责任考核等多个方面推动撂荒耕地再续利用。2023年，国务院发布《关于做好2023年全面推进乡村振兴重点工作的意见》，进一步提出要"加大撂荒耕地利用力度"。2023年7月，中央财经委员会第二次会议强调"加强撂荒地治理，摸清底数，分类推进，因地制宜把撂荒地种好用好"。然而，现实中农户进行撂荒耕地再续利用的积极性依然不高，撂荒耕地再续利用面临"政府着急、农户不急"的困局，而农户参与是推进撂荒耕地再续利用的微观基础，迫切需要从农户视角对撂荒耕地再续利用展开深入研究。

基于此，从宏观和微观两个尺度、从已利用和未利用（撂荒）两个维度，构建大食物观下的耕地利用分析框架，有助于丰富耕地利用变化的理论体系，尤其是拓展国内耕地撂荒的研究深度和广度，填补国内撂荒耕地再续利用研究的不足。在实践方面，能够为大食物观指引下耕地合理利用、"非粮化"治理、有序推进撂荒耕地再续利用等耕地可持续利用管理提供科学依据。

第二节　国内外研究进展

一、大食物观与耕地利用

居民膳食结构的改变极大地增加了农业生产压力，对农用地保护与空间用途管制提出了更高要求，在"大食物观"下，农用地保护不应仅聚焦以"谷物"生产为主的耕地，而应逐步向所有农用地保护转变，尤其是加强动物性食物生产用地的保护（郝晋珉和张金懿，2022）。

学界对国土资源多元开发的认识也在不断深入（朱晓峰，2022），提出综合开发利用"大国土"确保"大食物"安全的思路：一方面纵向拓展，严格落实"藏粮于地、藏粮于技"战略，提高土地综合生产能力；另一方面横向拓展，充分利用4亿公顷天然草原资源、2.2亿公顷森林资源，增加优质饲草、木本粮油供应（励汀郁等，2023）。彭万勇等（2023）围绕粮食增产稳产"既有道路分析—食物内涵外延解读—森林'粮库'功能拓展—可能证据辨析"的研究路径，构建大食物观下粮食增产稳产"第四条道路"——森林"粮库"，即向林地要食物，提高林地的食物供给能力。李芷萱等（2023）基于"森林是粮库"的视角探讨了中国森林食品产业发展问题。

在大食物观目标下，耕地乃至整个国土资源的利用应遵循"宜粮则粮、宜经则经、宜牧则牧、宜林则林"的原则，在合理范围内趋向多元化（孟菲等，2022；钟太洋等，2022）。尽管大食物观强调全方位多途径开发食物资源，将食物生产用地由耕地资源拓展至整个国土资源，但耕地资源仍是确保大食物观落地的核心和基础性资源（宋敏和张安录，2023）。大食物观要求进一步挖掘并释放耕地潜在生产能力（彭万勇等，2023）。国家已经明确了耕地利用优先序，将有限的耕地资源优先用于粮食生产，优先满足粮食和食用农产品生产供给需求（孔祥智和宋乐颜，2023）。

吴宇哲和许智钇（2023）认为，树立大食物观理念指引，是对耕地数量、质量、生态"三位一体"保护的落实和优化，就是要通过一定数量的耕地资源保护，保障国家粮食安全；通过耕地质量提升，更好地满足人民食物消费升级的需求并促进农村发展；通过耕地生态的维护，提供高附加值的有机农产品供给并永续利用耕地。大食物观理念下的耕地保护将粮食安全、乡村振兴和生态文明纳入同一体系，实现全过程管控耕地数量、全链条平衡耕地质量和全要素保护耕地生态，是完善耕地保护制度的重要创新。

宋敏和张安录（2023）分析了大食物观视阈下耕地利用转型的现实挑战、理论逻辑与实现路径，认为当前亟须与大食物观相适应、相匹配的耕地利用转型策略，大食物观视阈下的食物需求、食物安全目标、耕地利用目标与耕地利用转型之间存在逻辑关联；面向大食物观，提出包括基于人口—资源—食物协调的布局机制、刚性管制与弹性调控复合分区机制、基于管控强度差异的耕地发展权补偿机制、基于经营主体分类引导的耕地利用效率提升机制、基于耕作行为激励的可持续集约利用机制在内的耕地利用转型路径体系。

当前的耕地用途管制制度并没有充分考虑粮食安全观的演变特点和趋势，与"大食物观"理念下的食物安全并不完全相容，需要构建更合理的耕地用途管制规则，协调和优化耕地利用结构，才能切实保障国家食物安全的可持续性，同时满足城乡居民"日益增长的美好生活需要"（孟菲等，2022）。孟菲等（2022）提出了因地制宜的耕地用途管制规则，地尽其利的耕地用途管制理念，地尽其用的耕地用途管制体系。同样，柯新利和朱梦珂（2022）认为在"大食物观"背景下，耕地用途管制要通过合理拓展耕地管控内涵、优化调控机制和发挥科技优势来满足"大食物观"背景下居民食物消费升级的新趋势。需要面向新时期粮食安全底线思维拓展"红线耕地"内涵，协调市场需求及资源环境承载力的"弹性耕地"调控，探索创新以设施农业为代表的"新型耕地"建设方案（柯新利和朱梦珂，2022）。

钟太洋等（2022）探讨了"大食物观"与耕地"进出平衡"政策实施，认为今后一段时间内蔬菜和水果的保障问题不大，突出的挑战就是要保障饲料粮的稳定供应，目前紧要问题就是大豆进口量过高，对外依赖风险过大。因此，有必要通过实施耕地"进出平衡"和占补平衡政策保护中国食物生产的基本资源。

蓝红星和李芬妮（2022）分析了基于大食物观的"藏粮于地"战略内涵与实践，认为基于大食物观的"藏粮于地"战略是以"大食物观"为指引，辅以"藏粮于地"战略的制度体系，在确保粮食安全的基础上，从全域国土资源获取食物来源，实现藏"大食物"于"大国土"的有力举措。

有学者提出要在"大食物观"指导下处理好耕地"非粮化"与耕地合理"食物化"的关系，认可耕地"非粮化"中的合理需求，引导耕地合理"食物化"利用，以增加粮食生产作为"非粮化"治理的一个重要原则（蓝红星和李芬妮，2022；邹金浪等，2022）。

二、耕地食物供给能力

（一）作物机理模型

自作物生产模拟理论（deWit，1965）被提出以来，作物生产模拟技术不断发展。从少数作物机理模拟到多种作物机理复合模拟，逐渐形成了农业决策支持系统（王晨亮，2014）。作物机理模型是用数学语言表示作物内部或作物与环境之间的生理变化，模拟的主要思路是采用各种数值模拟的方法来模拟作物的生长或形状的生理过程（Hammer，2006）。由于作物机理模型基于作物发育和生产的物理化学机理过程开发，理论上模拟结果更精确。但是在实际应用中，作物机理模型中涉及的作物的水分、养分对生长过程的胁迫机理和定量方法仍需不断深入的实验研究来进一步提高预测性能（罗毅和郭伟，2008）。作物机理模型的研究对象是单种作物，许多参数反映了具体的生理过程，提高了作物产量的准确性，但也同时使得模型参数的敏感性很高，假设和限制条件更加严格，增加了模拟的难度（谢云和 Kiniry，2002）。作物机理模型主要应用于小尺度精细化模拟，在进行作物机理模型的未来情境分析时，进行尺度转换处理造成的误差经常会非常明显（刘布春等，2003）。

（二）逐级订正机制法

逐级订正机制法是基于生产力形成机制（Monteith and Moss，1977）构建的半经验半机理模型，其通过光温水土等自然环境因子以及农业投入、灾害等外界人为因子的各级衰减作用估算食物生产潜力。由于逐级订正法具有计算简单、机理清晰的特点，被广泛应用于食物生产潜力研究中。国内相关研究主要是根据中国实际，不断改进订正环境，进一步潜力估算研究的准确性。黄秉维（1985）基于多年理论基础和研究积累提出了简单且准确的黄秉维光合潜力模型。陈明荣（1979）从气候对作物生长发育的角度出发，研究了光温订正方案。邓根云和冯雪华（1980）在光合潜力的基础上，利用分段线性函数进行温度订正。于沪宁和赵丰收（1982）根据长谷川史郎・奥田明男的作物试验资料拟合出多项式形式的温度订正函数。冷疏影（1992）和曹明奎（1993）分别在研究中加入了不同的水分和土壤订正因子。王效瑞和田红（1996）根据山区地形特征提出对山区作物的气候生产潜力的参数修正方案。党安荣等（1999）在研究中加入管理因子，加入了社会生产潜力的概念。原国家土地管理局等部门与联合国粮食及农业组织合作开展了"中国土地的人口承载潜力"研究，将农业生态区（AEZ）方法应用于中国的实际，并发展了其中水分订正函数（王晨亮，2014）。谢俊奇等（2004）进一步改进了农业生态区法。

（三）产量经验模型

产量经验模型通过回归分析或投入产出法等统计分析方法，寻找产量及与产量相关的解释变量之间的关系，解释变量可以为自然环境因子，也可以是社会经济因子（王晨亮，2014）。黄季焜和李宁辉（2003）开发了中国农业政策分析和预测模型（CAPSim），根据各种政策和外界影响因素来预测农产品供给变化趋势；田永中（2004）采用多项式回归模型来模拟了陆地生态系统生产力的空间分布。也有学者通过分析 1978~2007 年的各种作物产量，得出了每种作物产量随时间发展的趋势关系（Yue et al.，2010）。此类方法适合分析产量与相关因素之间的定量关系，或者预测难以用机理来解释的产量变化规律，通过正确适当地选取相关因素进行模拟，根据研究区的数据校正模型中的经验系数，可以得到比较准确的结果。

（四）实际食物供给计算模型

联合国粮食及农业组织牵头的"全球粮食和农业信息及预警系统"通过对过去一年、本年，以及预测的下一年度的各类食物（分为谷物、油籽、食糖类、肉类和肉制品、奶类和奶制品、鱼类和水产品）的产量和市场评估指标进行分析，用产量、贸易量、库存量、利用率、价格指数等指标来评估世界食物安全状况。在地理信息系统和遥感技术的支持下，国内学者结合多元统计分析、时空统计分析、区域平衡分析、作物生产模型、情境分析、遥感监测估产等方法和手段对食物生产和供给能力进行分析和预测（王情，2011）。王情等（2010）根据食物营养成分表中的转化率，将各类食物折算成人类生存所需的 3 大营养成分（热量、蛋白质、脂肪），评估中国各类型生态系统（农田、草地、水域）实际的食物生产能力。王莉雁等（2015）依据食物生产产量，根据营养成分转化率，将各类食物折算成热量来统一核算，研究评价了中国生态系统食物生产功能。谢余初等（2020）将土地农产品转化为食物热量作为统计标准，按照食物营养中的计算方法，分析广西食物供给服务。邹金浪等（2022）采用食物热量计算模型，评估了中国耕地食物供给能力。

三、撂荒耕地再续利用

撂荒耕地再续利用是可持续土地利用政策和规划的重要组成部分（Klusáček et al.，2021）。就目前而言，在全球范围内相较于耕地撂荒，撂荒耕地再续利用的现象更少发生。然而，在农产品需求快速增长的压力下，为了最大程度减少环境成本，并应对粮食不安全、可耕地稀缺、生物燃料需求迅速增长、农业生物多样性丧失等全球挑战，撂荒耕地再续利用成为了一种有吸引力的选择（Alcantara et al., 2013；Subedi et al., 2022）。

（一）撂荒耕地再续利用的时空演变格局

撂荒耕地再续利用的时空演变格局是一个复杂且多变的过程，受到多种因素的影响。不同时期的耕地变化呈现出显著的时空差异。1985~2000年和2000~2010年两个变化时期，东欧喀尔巴阡生态区的耕地变化明显（Griffiths et al., 2013）。具体为，在1985~2000年期间，耕地撂荒现象较为普遍，主要发生在农业适宜性较低的边缘地区。然而，自2000年以来，在高价值的农业地区，有大量以前撂荒的耕地被重新利用。这表明在不同时期，耕地利用的策略和趋势发生了明显变化，可能受到市场需求、农业政策和技术创新等因素的影响。欧洲在2001~2012年，多达7.6万公顷的耕地被撂荒，主要分布在东欧、斯堪的纳维亚半岛南部和欧洲山区。然而，撂荒耕地再续利用也很普遍，主要发生在东欧（例如欧洲俄罗斯、波兰、白俄罗斯、乌克兰和立陶宛）和巴尔干地区（Estel et al., 2015）。耕地撂荒后的利用轨迹，即撂荒后多数土地向半自然景观过渡，很少有土地在撂荒后恢复到其他的农业用途（Fayet et al., 2022）。中国苏南经济区在2001~2018年，耕地撂荒面积约23.27万公顷，其中2017年撂荒率最高（8.5%），其中大约6.62万公顷的撂荒耕地后来得到了再续利用，大约92%的撂荒耕地在第一次发现后的两年内被重新耕种或作为不透水地表重新使用，这表明土地用途的转变较为迅速（Hou et al., 2021）。

地理环境和气候条件对耕地变化具有重要影响。在斯洛伐克，耕地撂荒和再续利用的模式受到地理特征和气候条件的影响（Pazúr et al., 2018）。例如，山区相对于平原地区具有更高的撂荒率，可能是因为山区缺乏非农业生计的潜力，农民更愿意再续利用撂荒地。同时，与国家首都的距离、年平均气温等因素也会影响土地撂荒和再续利用的可能性。这表明地理环境和气候条件在耕地利用变化中具有时空差异性的影响。

经济和政治因素也在时空演变格局中起到重要作用。哈萨克斯坦北部的撂荒耕地再续利用优先发生在生产力高的耕地上（Dara et al., 2018）。这可能与市场需求和经济激励有关，农民更愿意再续利用具有更高产出潜力的土地。此外，政治转型和国际市场的影响也可以在不同时期和地区引发耕地利用的变化。有学者指出，在社会主义转型过程中，大量耕地被撂荒，而全球粮食价格上涨推动了撂荒耕地再续利用（Stefanski et al.，2014）。

撂荒耕地再续利用的时空演变格局受到多种因素的影响，包括地理环境、气候条件、经济市场、政治制度等。不同的地区和时期呈现出不同的趋势和模式，表明耕地利用变化是一个复杂且多元的过程。了解这些时空演变格局，有助于制定更合理的农业政策，促进耕地的持续利用和农村可持续发展，以适应不同地区和时期的变化需求。同时，需要深入研究不同因素之间的相互作用和影响机制，为未来的农地利用提供更科学的决策支持。

（二）撂荒耕地再续利用的影响因素

撂荒耕地再续利用是一个涉及多方面因素的复杂过程，从农业适宜性到战争冲突，从政治支持到地理环境，这些因素共同塑造了耕地的撂荒与再续利用。

第一，农业适宜性和土地质量是影响撂荒耕地再续利用的关键因素之一。农业用地的适宜性，包括土壤质量和温度等生物物理因素，对撂荒耕地再续利用模式具有显著影响（Smaliychuk et al.，2016）。这表明农民更倾向于选择土地肥沃、适宜耕作的地区开展撂荒耕地再续利用，以获得更好的农产品产出。此外，地理环境因素如山地和平原也对撂荒耕地再续利用的分布产生影响。在波兰喀尔巴阡山地区，山麓地区的撂荒耕地增加，而山区则减少，这可能是因为山区缺乏非农业生计，导致农民更愿意重新利用撂荒地（Ortyl et al.，2022）。他们的分析还显示，环境因素对撂荒耕地面积的影响有所减少。2003年该参数受地形、离林距离和土壤质量的影响；而在2018年，只与地形有关。基于2060年斯洛伐克土地利用的情境建模显示，未来的农业土地撂荒和再续利用可能在很大程度上取决于气候和地形条件，并在较小程度上取决于靠近经济中心（Pazúr et al.，2020）。

第二，战争和冲突对耕地撂荒和再续利用产生持久影响。以北高加索地区两次车臣战争为例的研究，分析了冲突（冲突距离和冲突强度）对耕地利用的影响，发现距离冲突地点较近的耕地更容易被撂荒，冲突强度与农地撂荒呈正相关（Yin et al.，2019）。然而，冲突的持续影响可能导致长期的耕地撂荒，这对农村社会稳定和农民生计产生负面影响。这表明政府需要采取措施减轻冲突对农地利用的影响,以促进撂荒耕地再续利用和农村经济恢复。

第三,政治和体制支持可以通过农业投资和农村人口振兴来促进撂荒耕地再利用(Meyfroidt et al.,2016)。政府的政策和扶持措施可以激励农民重新利用撂荒耕地,提高耕地的利用率。然而,政治体制的稳定性也是决定政策实施效果的重要因素,政治不稳定可能导致政策的不连续性,影响撂荒耕地再续利用进程。

国内对撂荒耕地再续利用的影响因素也给予了大量关注。罗明忠等(2018)发现新一轮农地确权显著减少了农户的农地撂荒行为,其主要策略更多的是对原有撂荒农地再续利用,而非通过农地流转实现耕种要求。但是,农户采取的撂荒农地再续利用行为显示出明显的粗放型经营特征,表明新一轮农地确权政策诱导下的农户撂荒农地再续利用行为,更多的是基于产权保护的临时性博弈权衡,而非长期性的生产经营决策选择。杨军(2019)分析了新型农业经营主体的技术效率对撂荒农地再续利用的影响,发现不管在发达地区还是在不发达地区,新型农业经营主体的技术效率对撂荒农地再续利用都有着正面的影响,新型农业经营主体的技术效率上升是促使撂荒农地再续利用的重要因素。病虫害防治外包服务对减少耕地撂荒的作用效果,可以促进适宜耕种的撂荒耕地再续利用(Zhang et al.,2022)。

综上所述,影响撂荒耕地再续利用的因素包括农业适宜性、战争冲突、政治支持等多个方面。这些因素相互作用,共同影响着耕地的撂荒与再续利用。政治因素作为国家治理的基本框架,通过政策制定和扶持措施,影响着农民的决策行为和耕地利用情况。在未来,应当继续关注这些因素的相互关系,以制定更加科学合理的政策。

(三)撂荒耕地再续利用的意愿和效益

撂荒耕地再续利用的意愿和效益是影响农民决策的关键因素,这些因素涵盖了经济、社会和制度等多个维度。

在撂荒耕地再续利用意愿方面,农民的行为受到多个因素的制约和激励。腐败感知、族群差异、年龄和植树造林程度等因素都可能影响农民撂荒耕地再续利用的意愿(Prishchepov et al.,2021)。腐败感知可能导致农民对政府政策缺乏信任,从而影响了他们对土地利用的决策。此外,不同族群和年龄的农民可能在撂荒耕地再续利用意愿上存在差异,年轻的农民可能更愿意再续利用撂荒耕地。同时,植树造林程度较低的废弃农田更倾向于重新开垦,可能是因为这些土地对于农业再利用更具有吸引力。

在撂荒耕地再续利用效益方面,社会经济因素对农民的决策偏好产生了重要影响。大多数农民认为应重新利用撂荒耕地,并提出了多种再利用方案,包括经济作物种植、水果作物种植、香料和药用作物种植、饲料树种植、谷物种植、林地种植和混合生计农业(Subedi et al.,2022)。农民更倾向于选择能够产生现金、价值较高的耕作方式,这意味着市场导向的耕作方式在最大程度上减少撂荒耕地可能是可行的。此外,结构性和制度性因素以及劳动力限制对创造有利环境,鼓励农民重新利用撂荒耕地也具有重要作用。

在撂荒耕地再续利用效益评估方面,撂荒耕地再续利用政策对经济的影响也是一个重要考虑因素。在西班牙加利西亚地区,撂荒耕地再续利用政策可以增加耕地面积,带来显著的经济产出。同时,撂荒耕地再续利用政策对农业全要素生产率的提高也将带来更大的经济效益,有望为地区经济作出重要贡献(Corbelle-Rico et al.,2022)。杨军和吴晨(2019)研究了撂荒农地再利用的生态经济效益,指出撂荒农地再续利用的生态经济效益最高的是种植业,最低的是养殖业;发达地区的生态经济效益总体上低于不发达地区。绿色、生态农产品的出售比例,绿色、生态农产品与非绿色、非生态农产品的产值比,政府补贴额度,银行信贷额度,社会服务机构数量,主要农业经营者的文化程度、见识广度等因素对撂荒农地再续利用的生态经济效益均产生正向的影响,而年龄则对其产生负向影响。刘斐耀等(2021)评估了干旱区耕地撂荒与再续利用对土壤水力性质的影响,发现撂荒耕地再续利用后,0~40厘米深度黏粒与粉粒含量继续增加,有机质含量转而增加,容重增加($P<0.05$),土壤孔隙度降低($P<0.05$),犁底层重新出现,土壤持水与导水能力又逐渐趋向于耕地水平。撂荒对干旱区绿洲土壤肥力与蓄水能力的提升不显著,而留茬免耕、深耕灭茬还田等保护性耕作措施能有效提高持水能力。

撂荒耕地再续利用的再续利用意愿与再续利用效益受到多个维度的影响,包括经济、社会和制度等因素。为了最大程度地激发农民撂荒耕地再续利用意愿，并实现再续利用政策的有效落地，政府和相关机构应综合考虑农民的经济偏好、社会背景、劳动力情况以及市场支持等因素，制定出有针对性的政策措施。同时，撂荒耕地再续利用政策对地区经济的潜在影响应予以充分评估，以确保政策在促进农业发展、提高土地资源利用效率和推动地区经济增长方面发挥积极作用。

（四）撂荒耕地再续利用的途径

在撂荒耕地再续利用的途径方面，研究人员已经开始关注如何恢复和有效利用撂荒耕地，以实现农地资源的最大化利用和农村发展的可持续性。

通过利用四个数据库（Web of Science、Google Scholar、Scopus 和 Nep-Jol），提取有关耕地撂荒的驱动因素、影响和恢复方案的数据，发现目前的研究主要关注耕地撂荒的驱动因素，但在撂荒耕地的恢复方案方面的研究较少，而且目前大多数研究主要集中在特定地点，通常缺乏在国家层面协调的恢复方案（Ojha et al.，2022）。他们的研究进一步表明，那些确定了撂荒土地恢复方案的研究表明，采用短作物周期、劳动密集程度较低的作物、农林业和改种牧草等被认为是关键的恢复方案。

尽管强调撂荒耕地再续利用途径的重要性，但目前较少有研究关注这一方面（Subedi et al.，2022）。此外，欧洲土地撂荒的政策必须超越共同农业政策范围内以农业为导向的计划，纳入一系列独立、全面的农村发展计划（Dolton-Thornton，2021）。这意味着政策制定者需要考虑到农村地区的多个方面，包括农业、环境、社会和经济等因素，以实现更全面的农村发展。也有研究强调，欧盟共同农业政策在推动耕地撂荒和支持或阻碍再续利用方面的影响（Fayet et al.，2022）。他们认为政策需要确保与欧盟层面的政策保持一致，同时提供资金、技术支持和政策协调，以支持土地所有者再续利用撂荒土地。解决政策冲突、缺乏资金和技术支持等问题是实现有效再续利用撂荒耕地的关键。

撂荒耕地再续利用的途径需要综合考虑农业、经济、社会和环境等多个因素。当前的研究已经提供了关于驱动因素、恢复方案和再利用途径的一些见解，但仍需要更多深入的研究和协调的政策努力。研究人员和政策制定者应该在制订恢复方案和推动再利用途径时，充分考虑不同地区的特点，以实现农地资源的可持续利用和农村发展的目标。

四、耕地撂荒与治理

耕地撂荒是世界范围内山地及周边地区的一种土地利用现象，主要由工业化和人口城市化带来的劳动力工资上涨和农户生计多样化驱动下耕地发生边际化所致（黎洁和孙晶晶，2021；Ojha et al.，2022）。联合国粮食及农业组织总结了农地边际化的几点原因：自然约束、土地退化、社会经济因素、人口结构、管理体制（如政策变化、土地整治、农业补贴、农地产权、土地利用规划）等（Terres et al.，2015）。欧美发达国家、新兴工业国以及中国普遍发生的农地边际化主要源自城市化驱动下的农村人口迁移、农业技术革新驱动下平原地区农业的集约化等社会经济外部环境的转型变化（Rudel et al.，2005；Lasanta et al.，2017）。东欧各国的农地边际化则主要源自制度的剧烈变革，包括农地产权安排的变化、农地配置方式的变化（中央管制变为市场化配置）、政府农业补贴的减少等（Lasanta et al.，2017）。

学者在研究耕地撂荒机理的同时，就耕地撂荒治理展开了讨论。如杨国永和许文兴（2015）提出农地流转、制定承包权适时收回政策、种植结构调整、休耕等治理措施。李俊高和李萍（2016）提出对于常年性撂荒耕地，引导农户休耕、轮耕或退耕还林；对于季节性撂荒耕地，治理思路包括鼓励创新多种形式流转土地、实施适度规模经营、实行农业补贴政策、激励吸引年轻劳动力返乡创业等治理措施。李燕燕等（2019）提出加强耕地保护和补偿、大力建设具有农村特色的可持续发展经济模式等治理措施。李辉尚等（2020）提出健全完善城郊和交通便利区域耕地资源保护制度体系、分实弱势区域低质耕地基础设施条件保障、因地制宜推进区域农业结构调整、推动以新型农业经营主体为龙头的适度规模经营等治理措施。

专门就撂荒耕地治理开展研究的文献不断出现。李永萍（2018）从生产关系和土地制度的角度，探讨农民抛荒的生成机制与治理之道，认为通过制度设置强化集体的土地所有权，在集体统筹之下实现土地连片和土地集中，这样既能提高土地利用效率，解决土地抛荒问题，也能提高农业生产效率，降低农业生产成本。罗必良等（2019）从农业服务外包分析了化解农地撂荒问题，认为农业服务外包能够显著抑制农户对农地的撂荒行为，农业外包服务市场的发育能够显著降低因为土地细碎化而引发的农地撂荒的比率。陈莎等（2020）从经营规模及其支撑政策角度分析了如何破除耕地撂荒困局，认为农地流转是破除耕地撂荒困局的必由之路；政府应鼓励支持多种形式的规模经营主体，培育土地流转的中介组织，调整支农惠农政策以进一步提升农民的土地收益。吴晓婷等（2021）从土地确权颁证分析了农地撂荒问题，认为确权颁证增强了农户土地承包经营权的稳定性和排他性，在农地流转便利、流转收益较大的情况下会促进农地流转，进而减少农地撂荒。冯国强等（2021）从村庄组织化角度分析了抑制农地抛荒行为，发现村庄的组织化程度对抛荒有显著的抑制作用，对于不同地形的村庄，村庄组织化程度的抑制作用存在异质性影响。

第三节　研究目的与内容

耕地是践行大食物观的基础资源，大食物观对耕地利用提出了新的要求。从宏观和微观两个尺度、从已利用和未利用（撂荒）两个维度，构建大食物观下的耕地利用分析框架，通过实现以下4个子目标，为优化调控大食物观下的耕地利用提供科学依据。

目标1：揭示中国耕地食物生产的演变规律。

目标2：刻画政府推动撂荒耕地再续利用的时空特征。

目标3：梳理政府推动撂荒耕地再续利用的政策工具。

目标4：厘清农户开展撂荒耕地再续利用的响应机制。

为了实现上述研究目标，开展如下研究：

1. 中国耕地食物热量变化与"非粮化"影响。首先，采用营养成分法以热量作为统一量纲计算耕地食物生产总量，归纳1978年以来中国耕地食物生产的时空特征和演化规律；然后，采用对数平均迪氏指数（LMDI）方法对耕地食物热量结构进行分解；最后，评估"非粮化"对耕地食物生产变化的影响程度。

2. 中国耕地食物产值变化与结构特征。首先，采用价格作为统一量纲计算耕地食物生产总量,分析2004年以来中国耕地不同农作物(包括食物)产值分配格局;然后,揭示中国主要农作物产值的变化趋势及区域差异;最后,探索产量与价格对农作物产值变化的影响程度。

3.丘陵山区农户耕地撂荒特征及代际异质性。首先,借助代际社会学中的"社会代"理论构建丘陵山区农户耕地撂荒行为代际差异分析框架;然后,基于典型丘陵山区赣南于都县的农户微观调查数据,利用Logit模型和Tobit模型进行实证分析;最后,采用不同方式对实证分析结果进行多重稳健性检验。

4.中国撂荒耕地再续利用时空格局与政策工具。以2020～2022年发布的县级行政区撂荒耕地再续利用新闻报道为研究对象,首先,分析中国撂荒耕地再续利用时空格局,包括是否开展撂荒耕地再续利用和撂荒耕地再续利用种植结构2个方面;然后,基于环境型、供给型和需求型政策工具分类,总结中国推进撂荒耕地再续利用所采用的政策工具特征。

5.农户理性、政策情境与撂荒耕地再续利用。首先,遵循"态度—情境—行为"的逻辑主线,综合农户理性视角和政策情境因素,建立农户理性视角下撂荒耕地再续利用及政策干预理论模型;然后,采用山西、江西、陕西、安徽、湖南5省476份农户微观调查数据,利用结构方程模型和调节效应分析方法对研究假设进行实证检验。

| 第二章 |

基础理论与研究框架

第一节 概念及内涵

一、大食物观下的耕地利用

食物是指能够满足机体正常生理和生化能量需求，并能延续正常寿命的物质。揭示食物消费结构变化特征的班尼特定律表明，随着经济发展、收入增长，食物消费呈结构升级的趋势，即人们对米面等淀粉类主食消费逐步减少，而对营养丰富的肉类、蔬菜和水果消费大幅度增加（Bennett，1941）。当前中国正处于从中等收入向高收入迈进的窗口期，进入全面建设社会主义现代化国家的新阶段，居民食物消费在总体上保持传统消费模式的同时，将进一步向多元化、营养化、健康化转型升级（程国强，2023）。

大食物观旨在提高食物综合生产能力（张婷，2023），顺应新发展阶段居民食物消费结构变化新趋势（樊胜根，2022；程国强，2023）。为此，在确保粮食供给的同时，保障肉类、蔬菜、水果、水产品等各类食物有效供给，推动从粮食安全向食物安全深化拓展，建设更高质量、更可持续、更加安全的国家食物安全综合保障体系。在大食物观目标下，耕地乃至整个国土资源的利用应遵循"宜粮则粮、宜经则经、宜牧则牧、宜林则林"的原则，在合理范围内趋向多元化（孟菲等，2022；钟太洋等，2022）。尽管大食物观强调全方位多途径开发食物资源，将食物生产用地由耕地资源拓展至整个国土资源，但耕地资源仍是确保大食物观落地的核心和基础性资源（宋敏和张安录，2023）。大食物观要挖掘并释放耕地潜在生产能力（彭万勇等，2023）。国家已经明确了耕地利用优先序，将有限的耕地资源优先用于粮食生产，优先满足粮食和食用农产品生产供给需求（孔祥智和宋乐颜，2023）。联合国粮食及农业组织对作为食物的农作物的统计包括谷物类，块根和块茎作物类，豆类，油籽、油果和油仁作物，蔬菜和瓜类，糖料作物，水果、浆果。中国对作为食物的农作物的统计略有差异，包括粮食、油料、糖料、蔬菜、瓜类和水果。

考虑当下中国耕地利用实际情况，将大食物观下的耕地利用定义为在权衡粮食安全和农民收入的前提下，提高已利用耕地的食物供给能力和推进未利用（撂荒）耕地再续利用。

二、耕地食物供给能力

耕地食物供给能力是指耕地系统所能持续生产食物的能力。这种能力受到自然条件、科技水平、治理能力等多种因素影响。耕地食物供给能力分为潜在能力和实际能力两类。耕地食物供给潜在能力是采用经验模型和机理模型来估算的。成熟的经验模型思路主要是：依据作物生产力形成的机理，考虑光、温、水、土等自然生态因子及施肥、灌溉、耕作、育种等农业技术因子，逐步形成光合潜力模型、光温生产潜力模型、气候—生物潜力模型、农业生产潜力模型，通过这些模型，结合相关数据，研究耕地食物供给潜在能力；而机理模型即作物生长模型，是指用数学概念表达作物的生长过程，综合计算机技术、作物生理学、作物生态学、农业气象学、土壤学、农艺学、系统学等多学科的知识，将作物及其生态环境因子作为一个整体，定量描述作物生长、发育、产量形成及其与环境和技术之间的动态关系（王情，2011）。

耕地食物供给实际能力是从实际的作物产量数据出发，计算耕地系统实际的食物生产能力。在本研究中，耕地食物供给能力特指耕地食物供给实际能力。为了统一单位，本研究采用热量和产值作为统一量纲来评估耕地食物供给能力。热量是衡量食物营养的基本单位，对应耕地的原始功能；产值是衡量食物经济价值的直观指标,对应增加农户收入。以"地"为本,采用热量为统一量纲评估耕地食物供给能力;以"人"为本,采用产值为统一量纲评估耕地食物供给能力。

三、撂荒耕地再续利用

不同学者和国家及社会组织对耕地撂荒概念的界定存在差异。史铁丑和李秀彬(2013)将闲置一年以上、不能创造农业价值的耕地称为撂荒耕地。1995年联合国粮食及农业组织将撂荒耕地定义为至少5年没有被农业生产或其他农业目的利用的可耕地。2011年土地整理与土地储备国际研讨会给撂荒耕地的定义包括:(1)没有使用的可耕地;(2)2年或2年以上没有耕种的农地;(3)没有时间限制的、很长时间处于撂荒的可耕地;(4)法律规定前一个耕种季节没有耕种、第二个耕种季节初始仍没有耕种的可耕地。日本农林水产省将超过一年未耕种的农田称为撂荒耕地,并且没有迹象表明它将在未来几年内被耕种。菲律宾国家统计办公室将撂荒耕地定义为1~5年临时休闲不种农作物的耕地。中国地方政府在实际操作过程中,基本将一年及以上未耕种的耕地视为撂荒耕地。本研究将撂荒耕地界定为在耕地利用过程中,生产经营者由于主观原因放弃耕种而造成一年及以上处于闲置状态的耕地。

2020年以来,中国政府对撂荒耕地再续利用给予了极大的关注,采用了"撂荒(耕)地利用""撂荒地复耕""撂荒地种好用好"等表述。《农业农村部关于统筹利用撂荒地促进农业生产发展的指导意见》明确提出,"对平原地区的撂荒地,要尽快复耕,优先用于粮食生产,扩大粮食播种面积。对丘陵地区的撂荒地,根据立地条件,宜粮则粮、宜特则特,发展粮食、特色水果、中药材、优质牧草等生产,增加多样化产品供给。对确不适宜耕种的撂荒地,可按有关政策规定和规划要求用于设施农业用地等。"在中国,撂荒地既包括撂荒耕地,也包括撂荒园地等其他农用地。

根据《土地管理法》《农村土地承包法》等法律,本研究将撂荒耕地再续利用定义为按照相关法律法规的要求,基于因地制宜的原则,将撂荒耕地再次种植农作物。需要说明的是,撂荒耕地再续利用与撂荒耕地复耕、复种、复垦等表述同义。土地利用变化规律显示，耕地处于"开垦—利用—撂荒—再续利用……"的变化之中。耕地撂荒、撂荒耕地再续利用只是耕地利用变化中的"节点"，而不是"结点"（"终点"），需要站在自然环境与社会经济耦合发展的视角来考察。需要以人为本，以耕地利用微观主体（如农民）的经济收益为核心推进撂荒耕地再续利用，才能实现耕地的永续利用。现阶段，根据导致耕地撂荒的实际因素，重点关注丘陵山区因农业基础设施建设滞后、种植业结构调整等因素导致的耕地撂荒，应该先易后难、循序渐进，优先推进这些撂荒耕地再续利用。

第二节 基础理论

一、农户行为理论

农户即农民家庭，是由姻缘和血缘关系为纽带组成的迄今为止最古老、最基本的集经济与社会功能于一体的单位和组织，是农民生产、生活、交往的基本组织单元。农户行为理论则是研究农户在特定的社会、经济和自然环境下，基于其家庭和个人目标，利用有限的资源和信息，做出决策和行为的理论。目前，学界对于农户行为理论的研究可大致分为三种流派：一是理性小农学派，代表人物为美国经济学家西奥多·舒尔茨；二是组织与生产学派，代表人物为苏联经济学家恰亚洛夫；三是历史学派，代表人物为美籍华裔历史学家黄宗智。

理性小农学派。该学派以美国经济学家西奥多·舒尔茨在1964出版的《改造传统农业》为代表作，从分析传统农业的特征入手研究小农行为，沿用西方形式主义经济学的"经济人"假设，认为小农像企业家一样都是"经济人"，其生产要素的配置行为符合帕累托最优原则，小农经济是"贫穷而有效率的"。波普金在1979年进一步发展了舒尔茨的理性小农理论，在其著作《理性小农》中提出农户是理性的个人或家庭福利的最大化者，并指明"我所指的理性意味着，个人根据他们的偏好和价值观评估他们选择的后果，然后做出他认为能够最大化他的期望效用的选择"。由于以上两者的观点接近，学术界将其概括为"舒尔茨-波普金命题"（翁贞林，2008）。

组织与生产学派。该学派产生于20世纪20年代末，其代表人物是苏联经济学家恰亚洛夫在其1996出版的著作《农民经济组织》中提出，小农经济生产的主要目的是为了满足家庭的消费需求，是一种自给自足的自然经济。它追求生产的最低风险而非利益最大化，一旦家庭的消费需求得到满足，就会缺乏进一步增加生产投入的动力。因此，小农经济被认为是保守、落后、非理性、低效的。小农的最优选择取决于消费满足和劳动辛苦程度之间的均衡，而不是成本和收益之间的比较。其后，美国经济学家斯科特于1976年沿循恰亚洛夫的研究思路提出了著名的"道义经济"命题。他认为，小农经济秉持着"安全第一"的原则，具有强烈生存取向的农民宁可选择承受低收益，也不愿意冒险追求平均收益最大化。该学派强调坚守小农的生存逻辑，亦称"生存小农"学派。

历史学派。该学派的代表人物是美籍华裔历史学家黄宗智。他在1986年的著作《华北的小农经济与社会变迁》中综合了"理性小农"和"道义小农"学说，并概括了中国小农经济具有的三重属性。首先，中国小农在一定程度上是为了自家消费而生产，他们在生产上所做的抉择部分取决于家庭需求；其次，中国小农也追求利润，其生产在某种程度上是为市场而进行的，必须根据价格、供求、成本和收益来做出决策；最后，中国小农是一个阶级社会和政权体系下的成员，他们生产的剩余产品被用来供应非农业部门的消费需求。黄宗智认为，中国的农民既不完全是恰亚洛夫式的生计生产者，也不是舒尔茨意义上的利润最大化追求者。他主张要了解中国的小农，需要进行综合的分析研究，其关键是应把上述小农的三个方面视为密不可分的统一体，即小农既是一个追求利益的生产者，也是为家庭生计而努力的个体，同时也承受着来自社会阶层和政治体系的压力和限制，其在生产和消费方面的抉择和剩余产品的分配都受到了各种各样的制约和影响。

二、理性选择理论

理性选择理论是社会学和经济学交叉研究的重要理论之一，用于解释个体和群体行为的决策过程，其代表人物是美国社会学家詹姆斯·科尔曼。该理论源自古典经济学之父亚当·斯密的"经济人"假设,认为人们以理性行动来满足自身偏好,并使得效用最大化。理性选择理论以"理性人"为出发点,主要强调一种目的性的、有意图的行动。行动者以最大限度地获取效益为行动原则,在不同行动中获得不同的效益(谢舜,2005),而且"效益"不仅局限于经济含义,还包括政治、文化、情感等目的(刘晓瞳和张海东,2022)。这也使得"理性人"的假设区别于传统经济学中的"经济人"假设。理性选择理论中的"理性人"除了考虑经济因素之外,还会考虑行动者的情感因素、文化因素和交往因素等(丁波和王蓉,2015)。

针对行动目的的不同层次,人们会产生出不同层次的理性行动。根据理性行动由低到高追求的层次差异,可以将理性行动分为生存理性、经济理性和社会理性(文军,2001)。生存理性是最基本的层次,遵循"安全第一"的准则,主要考虑个体的生存状况和基本需求。在此基础上,经济理性更关注经济利益的最大化,而社会理性则是更高层级的理性行动,更加注重实现个体和社会的满足。

对应到农户撂荒耕地再续利用行为上,再续利用行为本质上是一种嵌入生活境遇中的"情境理性"选择,是农户根据自己的生计状况,有目的性地决定生计策略和耕地利用方式,从而实现效用最大化的行为。想要对农户撂荒耕地再续利用行为作出合理解释,一方面,农户的撂荒耕地再续利用行为受到生产资料的可获得性、经济收益、政策支持等因素的影响。因此,用理性选择理论对农户撂荒耕地再续利用行为进行分析时需要将农户置于社会和经济环境、文化和价值观念等多重背景下进行考量。另一方面,理性行动还涉及人际交往和社会交换,以实现特定目的。在这些行动中,决策者需要考虑各种因素对目标的影响,并进行理性的决策(熊波和石人炳,2009)。因此,根据人们追求目标的不同,将分别从理性行动的三个层次,即生存理性、经济理性与社会理性探究农户撂荒耕地再续利用行为的成因。

三、态度—情境—行为理论

态度—情境—行为理论(attitude-context-behavior,ACB)是社会心理学中的经典理论,旨在解释个体行为的形成和变化(Guagnano and Stern,

1995)。该理论认为个体的行为受到三个主要因素的影响：态度、情境和行为本身。态度指个体对于特定对象或行为的评价和看法；情境是指影响个体行为的环境和条件；行为本身对个体行为的影响则是通过反馈和认知过程实现。这三个因素相互作用，共同影响着个体的行为，从而决定了个体的行为是否会发生以及行为的形式。

相较于其他行为理论，态度—情境—行为理论的优势在于，一方面着重强调了外部情境因素的作用，指出行为是态度和外部情境共同作用的结果；另一方面，具体阐述了外部情境对态度与行为关系的影响作用。外部情境作为一个调节变量，影响态度和行为的关系。例如，当农户认为撂荒耕地再续利用的难度较大、无法对自己产生有利的影响时，则态度就难以影响此行为，政策情境因素就是主要的影响因素；反之，若农户认为再续利用撂荒耕地能够给自己带来有益的影响时，态度则会显著影响行为的发生，政策情境因素则是次要的影响因素。

在态度—情境—行为理论中，态度和情境共同对个体行为施加影响，二者在其间相互依赖、此消彼长。如图 2-1 所示，当外部情境对个体的影响比较微弱时（C 接近于原点 O），态度对行为的解释和预测能力最强；当外部情境的影响极为明显时（C 远离原点 O），态度对行为的解释力就会显著变弱。具体到农户撂荒耕地再续利用行为，当政策情境因素对农户产生有利的影响时，会促进农户撂荒耕地再续利用行为的发生；而当政策产生消极的影响时，则会严重阻碍农户撂荒耕地再续利用行为的发生。同时，行为实施后获得的积极或消极的行为效果感知，会不断调整和塑造农户的态度和行

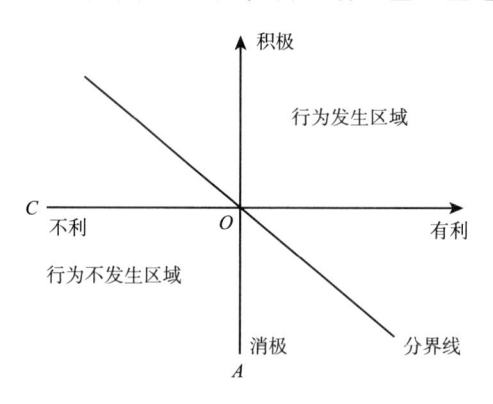

图 2-1 态度—情境—行为理论分析框架

为，从而增强或弱化农户撂荒耕地再续利用行为意愿与行为发生率。这种情况很好地解释了撂荒耕地再续利用政策在实施过程中可能出现的效果偏差。

四、政策工具理论

政策工具（policy instruments），又称"治理工具/政府工具"，是在既定的政策环境下，政策执行者为解决政策问题、达成政策目标、实施政策方案等而采取的系列方式、方法和措施的综合（匡兵等，2018）。该理论兴起于20世纪80年代，伴随着西方对福利国家失败和政府工作低效的检讨以及"新公共管理"运动，政策工具日益受到政府部门和学界关注（黄红华，2010）。胡德、彼得斯和尼斯潘、萨拉蒙等是政策工具理论发展的主要代表，他们的研究囊括了政策工具理论发展的基本脉络。1983年，胡德在《政府工具》中着重阐述了政策工具的类型和选择途径，主张政策制定者应该基于政策目标、政策环境和政策工具的优缺点等方面的考虑来选择最合适的政策工具；1998年，彼得斯和尼斯潘在《公共政策工具——公共管理工具评价》中，提出了公共政策工具评价方法的概念框架；2002年，萨拉蒙在《政府工具——新治理指南》中，将政策工具分析框架分为工具理论、选择理论和运行理论。其中，工具理论主要研究政策工具的类型、功能和使用；选择理论关注政策工具选择的理性性和有效性；运行理论则探讨政策工具的执行效果和制度环境等因素的影响。

关于政策工具分类的研究比较多，学者们从各种视角出发制定了不同的分类标准。例如，依据政府管控力度或干预程度，政策工具可分为强制型、自愿型和混合型（Howlett and Ramesh，2003）；依据施策客体的需求，政策工具可分为命令型、激励型、能力建设型和系统变革型（McDonnell and Elmore，1987），也可分为权威型、激励型、能力建设型、象征与劝告型和学习型（Schneider and HelenIngram，1987）；依据政策工具的作用力和影响力，政策工具可分为供给型、需求型和环境型（Rothwell and Zegveld，1981）。

其中，划分为环境型、供给型和需求型政策工具分类方法强化了政府在相关政策推进过程中的环境营造者角色，指出政府并非仅仅起到控制者和干预者作用，并凸显了供给与需求在推进政策发展过程中所起到的作用。此外，该方法还具有次级政策工具更加具体、操作方法明确等优点（匡兵等，2018）。因此，将撂荒耕地再续利用政策体系所涉及的政策工具划分为环境型、供给型和需求型三类，作为影响农户撂荒耕地再续利用意愿与再续利用行为之间关系的政策情境因素，具体如图2-2所示。

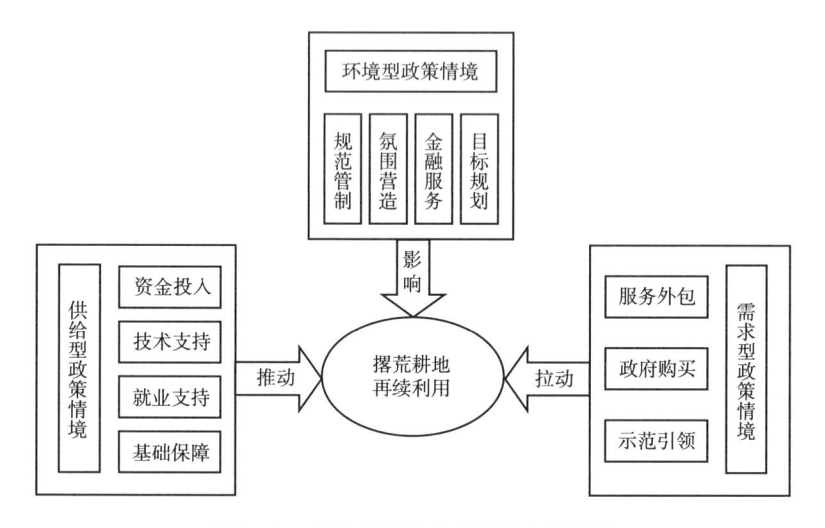

图2-2 撂荒耕地再续利用的政策情境

第三节 研究框架

大食物观下的耕地利用既关注已利用耕地，又关注未利用耕地。在未利用耕地中，重点考虑的是撂荒耕地。耕地撂荒问题是已利用耕地和撂荒耕地再续利用的"连接点"。本书的研究框架分为三个部分：一是已利用耕地食物供给能力；二是耕地撂荒特征；三是撂荒耕地再续利用（见图2-3）。

从热量和产值两个维度对已利用耕地食物供给能力进行评估。人体每时每刻都在消耗能量，这些能量是由食物中的产热营养素提供的。食物的基本功能是提供热量。因此以热量为量纲评估已利用耕地食物供给能力。农户是耕地利用的微观主体，获取经济收益是其耕地利用时优先考虑选项。产值常用来衡量区域层面的经济收益。因此，以产值为量纲进一步评估已利用耕地食物供给能力。

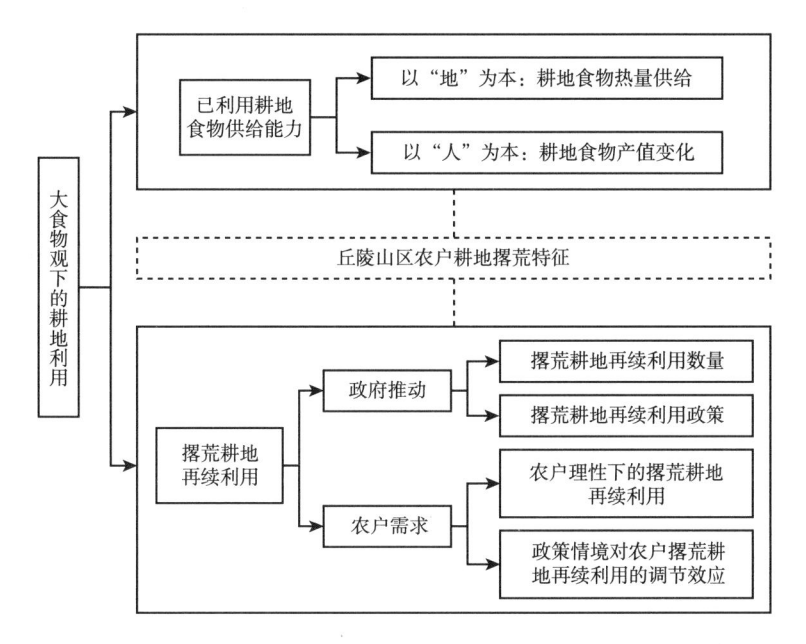

图 2-3 研究框架

耕地撂荒常发生在丘陵山区。农户在新中国成立以来经济社会空前发展与变迁中出现了明显分化，其价值观念和行为方式呈现出巨大的代际差异。因此在分析撂荒耕地再续利用之前基于代际差异视角分析丘陵山区农户撂荒耕地行为。

当前，中国撂荒耕地再续利用主要由政府推动。因此从撂荒耕地再续利用数量和政策工具两个方面分析政府推动撂荒耕地再续利用效果。政府推动撂荒耕地再续利用，农户的响应程度如何？因此，从个体理性视角分析农户撂荒耕地再续利用行为，以及不同政策情境对农户撂荒耕地再续利用行为的调节效应。

第三章
中国耕地食物热量变化与"非粮化"影响

第一节 引 言

中国食物安全/粮食安全（food security）一直受到国内外广泛关注（国务院新闻办公室，2019；FAO，2013），保障食物安全已成为一个严肃的热点问题。近年来，耕地"非粮化"现象引起了国家的担忧，"非粮化"监管政策越来越严（吴郁玲等，2021；赵晓峰和刘子扬，2021）。学界对于"非粮化"问题进行了广泛探讨。不少学者认为需要科学认识"非粮化"现象，有序推进"非粮化"治理（朱道林，2021；王丽惠和赵晓峰，2021；陈美球和刘桃菊，2022），防止"一刀切"。不容置否，中国居民的膳食结构正随着经济发展发生明显变化，不再以单纯的粮食来获取能量，对蔬、果、油、糖、肉、奶、蛋等食物的需求越来越大（封志明和史登峰，2006；辛良杰，2021）。其他食物供给充裕，粮食安全更有保障（侯东民，2003；武舜臣等，2022），这是一种大食物安全观。当前，对耕地"非粮化"的关注需要回答几个基本问题：中国耕地食物生产有何变化？受到"非粮化"的影响有多大？尤其是，"非粮化"是否减少了食物供给？

厘清耕地食物生产变化规律，首先需要评估耕地食物生产功能。现有评估方法可以分为两类：一是基于初级生产力评估食物生产功能（Tao et al.，2005；Xiong et al.，2007；Ye and Ranst，2009）；二是从营养角度评估食物生产功能（王情等，2010；Yue et al.，2010）。从营养角度评估食物生产功能在理论上是可行的，并且有助于识别某一区域的食物安全（王情等，

2010；Yue et al.，2010；王莉雁等，2015）。然而，这方面的研究还存在以下不足：一是作为食物最为基础的来源，耕地食物生产功能评估时统计的食物种类不全面；二是中国耕地食物生产的长期变化规律还有待进一步厘清。对"非粮化"的研究除了上述提到的治理措施（朱道林，2021；王丽惠和赵晓峰，2021；陈美球和刘桃菊，2022）之外，还主要包括"非粮化"研究框架（吴郁玲等，2021；曹宇等，2022）、"非粮化"空间格局（陈浮等，2021；孟菲等，2022；张颖诗等，2022）、"非粮化"成因（Su et al.，2019；Peng et al.，2021；Yang and Zhang，2021）、"非粮化"对耕地质量的影响（郝士横等，2021；李超和程锋，2021）等方面。尽管已有研究分析了"非粮化"对粮食生产体系可能造成的风险威胁（祝洪章和秦勇，2020），但并没有具体量化，"非粮化"对耕地食物生产的影响程度仍然不明朗。

首先，采用营养成分法以热量作为统一量纲计算耕地食物生产总量，归纳1978年以来中国耕地食物生产的时空特征和演化规律；然后，采用对数平均迪氏指数（LMDI）方法（Ang，2015）对耕地食物热量结构进行分解；最后，评估"非粮化"对耕地食物生产变化的影响程度。研究结果以期为耕地"非粮化"治理和保障国家食物安全提供科学基础。

第二节　研究方法与数据来源

一、数据来源

长时间序列和高度综合的统计数据是分析历史时期耕地食物生产变迁的基础数据。结合全国和各省份农产品生产调查数据，形成一套涵盖43年，31个省份（中国香港、澳门、台湾地区缺少数据，未包括在内）的长时序空间数据集。提供食物来源的作物包括稻谷、小麦、玉米、其他谷物（谷子、高粱等）、薯类、豆类（大豆和其他豆类）、油料（花生、油菜籽、芝麻等）、糖料（甘蔗、甜菜）、蔬菜、瓜果（西瓜、甜瓜、草莓等）和水果（香蕉、苹果、柑橘、梨、葡萄、菠萝、红枣、柿子等），其产量和面积数据来源于历年《中国统计年鉴》《中国农村统计年鉴》和各省份统计年鉴。将水果纳入计算范畴，一是因为水果是重要的食物；二是因为耕地和园地存在相互转换，尤其是"二调"至"三调"期间，耕地净流向园地0.63亿亩（晓叶，2022）。粮食包括稻谷、小麦、玉米、其他谷物、薯类和豆类。口粮是指人们的日常主食，为稻谷和小麦（杨万江等，2018；杨明智等，2019）。

二、食物热量计算模型

借鉴相关研究（王情等，2010；Yue et al., 2010；王莉雁等，2015；谢余初等，2020），采用食物热量作为统一量纲来计算耕地食物生产总量。计算公式如下：

$$E = \sum_{i=1}^{n} E_i = \sum_{i=1}^{n} (M_i \times P_i \times F_i) \quad (3-1)$$

式中，E 为食物热量（kJ）；E_i 为第 i 种食物热量（kJ）；M_i 为第 i 种食物作物的产量（t）；P_i 为第 i 种食物可食部分的比例（%）；F_i 为第 i 种食物每100g可食部分所含热量；i 为食物作物种类。

需要说明的是，不同时期的食物热量有差异（见表3-1），1978~1990年的食物热量值源自《食物成分表》（1981）；1991~2001年的食物热量值源自《食物成分表（全国代表值）》（1991）；2002~2017年的食物热量值源自《中国食物成分表》（2002）；2018~2020年的食物热量值源自《中国食物成分表标准版第6版/第一册》（2018）。

表3-1　　　　　　　　　　不同食物的热量

食物	2018年 食部（%）	2018年 热量（kJ）	2002年 食部（%）	2002年 热量（kJ）	1991年 食部（%）	1991年 热量（kJ）	1981年 食部（%）	1981年 热量（kJ）
稻谷	100	1453	100	1448	100	1448	100	1478
小麦	100	1416	100	1326	100	1473	100	1473
玉米	100	1466	100	1404	100	1404	100	1517
其他谷物	100	1458	100	1424	100	1442	100	1460
大豆	100	1631	100	1502	100	1502	100	1695
其他豆类	100	1445	100	1380	100	1347	100	1466

续表

食物	2018年 食部(%)	2018年 热量(kJ)	2002年 食部(%)	2002年 热量(kJ)	1991年 食部(%)	1991年 热量(kJ)	1981年 食部(%)	1981年 热量(kJ)
马铃薯	94	343	94	318	94	318	93	346
其他薯类	93	471	93	460	93	460	92	429
花生	53	1310	53	1247	53	1247	53	1247
油菜籽	100	2090	100	2090	100	2090	100	2090
芝麻	100	2292	100	2193	100	2193	100	2762
其他油料	74	2216	74	2065	74	2065	76.5	2161
甘蔗	82	319	82	319	82	319	82	319
甜菜	100	256	100	222	100	222	100	222
蔬菜	89	98	89	93	88	95	90	95
西瓜	59	108	56	105	56	105	55	92
甜瓜	78	111	78	109	78	109	76	80
草莓	97	134	97	126	97	126	98	134
其他瓜果	78	118	77	113	77	113	76	102
香蕉	59	389	59	381	59	381	55.5	315
苹果	85	227	76	218	86	188	84	226
柑橘	74	202	77	213	77	213	73	234
梨	82	211	82	184	75	134	82	184
菠萝	68	182	68	172	68	172	56	199
葡萄	86	185	86	180	86	180	82.6	226
柿子	87	308	87	297	87	297	81.8	265
红枣	87	524	87	510	87	510	91	414
其他水果	72	274	71	261	72	268	68	279

注：玉米的数据为白玉米和黄玉米的平均值；其他谷物的数据为高粱米、荞麦、大麦、燕麦、小米、黄米和薏米的平均值；其他豆类的数据为绿豆、红小豆和蚕豆的平均值；其他薯类的数据为木薯和甘薯的平均值；芝麻的数据为白芝麻和黄芝麻的平均值，其他油料的数据为葵花籽和胡麻籽的平均值；蔬菜的数据为西红柿、黄瓜、茄子、大白菜、菜椒、菜花、萝卜、豆角、菠菜、香菜和茼蒿的平均值；其他瓜果的数据为西瓜、甜瓜和草莓的平均值；其他水果的数据为桃、李子、杏、西梅、樱桃、石榴、沙棘、无花果、猕猴桃、桂圆、荔枝、榴莲、芒果、山竹和哈密瓜的平均值。

资料来源：《中国食物成分表 标准版第6版/第一册》（2018）、《中国食物成分表2002》《食物成分表（全国代表值）》（1991）、《食物成分表》（1981）。

三、食物热量变化 LMDI 分解方法

LMDI 方法在理论性、适用性、易于使用性和结果易解释性等方面具有优势，并且能够处理正值、零值和负值数据，是一种理想的分解方法（Ang, 2015；Alajmi, 2021）。LMDI 方法已被广泛应用于诸多领域，例如，吴群和邹金浪采用 LMDI 方法对中国耕地生产量的结构进行了分解（吴群和邹金浪，2019）。采用 LMDI 方法对中国耕地食物热量结构进行分解，评估口粮、玉米、大豆、油料和蔬果（蔬菜、瓜果和水果）对耕地食物生产变化的影响程度。

式（3-1）可做如下转换：

$$E = \sum_{i=1}^{n} E_i = \sum_{i=1}^{n} \left(A \times \frac{A_i}{A} \times \frac{E_i}{A_i} \right) = \sum_{i=1}^{n} (A \times S_i \times I_i) \quad (3-2)$$

式中，A_i 为第 i 类食物作物播种面积；A 为食物作物播种总面积；S_i 为第 i 类食物作物播种面积占食物作物总播种面积比重；I_i 为第 i 类食物作物单位播种面积热量。

食物热量供给从第 0 期到第 t 期的变化，采用 LMDI 加法分解对式（3-2）进行如下分解：

$$\Delta E_{tot} = E^t - E^0 = \Delta E_A + \Delta E_S + \Delta E_I \quad (3-3)$$

其中：

$$\Delta E_A = \sum_i^n \Delta E_A^i = \sum_i^n W_i \times \ln\left(\frac{A^t}{A^0}\right)$$

$$\Delta E_S = \sum_i^n \Delta E_S^i = \sum_i^n W_i \times \ln\left(\frac{S_i^t}{S_i^0}\right)$$

$$\Delta E_I = \sum_i^n \Delta E_I^i = \sum_i^n W_i \times \ln\left(\frac{I_i^t}{I_i^0}\right)$$

$$W_i = \begin{cases} \dfrac{E_i^t - E_i^0}{\ln E_i^t - \ln E_i^0}, & E_i^t \neq E_i^0 \\ E_i^t, & E_i^t = E_i^0 \end{cases}$$

式中，ΔE_{tot} 为食物热量变化量；E^t 和 E^0 分别为 t 时期和基期食物供给热量，ΔE_A、ΔE_S、ΔE_I 分别为规模、结构和单产对食物热量变化的影响值。

LMDI 加法分解的结果是具体数值，即 LMDI 加法分解可以计算表 3-1 中每一类型食物的 ΔE_A、ΔE_S、ΔE_I，通过汇总，可以得到口粮、玉米、大豆、油料和蔬果对耕地食物生产变化的影响值，如下：

$$\begin{aligned}
\Delta E_{tot}^{口粮} &= \Delta E_A^{口粮} + \Delta E_S^{口粮} + \Delta E_I^{口粮} \\
\Delta E_{tot}^{玉米} &= \Delta E_A^{玉米} + \Delta E_S^{玉米} + \Delta E_I^{玉米} \\
\Delta E_{tot}^{大豆} &= \Delta E_A^{大豆} + \Delta E_S^{大豆} + \Delta E_I^{大豆} \\
\Delta E_{tot}^{油料} &= \Delta E_A^{油料} + \Delta E_S^{油料} + \Delta E_I^{油料} \\
\Delta E_{tot}^{蔬果} &= \Delta E_A^{蔬果} + \Delta E_S^{蔬果} + \Delta E_I^{蔬果}
\end{aligned} \quad (3-4)$$

某一时期食物热量变化量可能是正值，也可能是负值。采用各类型食物热量变化量的绝对值占比来衡量其对耕地食物生产变化的影响程度。首先，对口粮、玉米、大豆、油料、蔬果和其他食物的热量变化量取绝对值；然后，除以所有类型食物热量变化量的绝对值之和；最后，以其原始数据的正负号来确定该占比的正负号。这样处理的优势在于绝对值占比之和等于 100%，可以直观地呈现各类型食物对耕地食物生产变化的影响程度和方向。

四、"非粮化"影响评估方法

"非粮化"的概念界定较为一致，测算方法未达成共识（吴郁玲等，2021；曹宇等，2022）。"非粮化"的核心内涵是原本用来种植粮食作物的耕地改种非粮食类作物，因此多数研究采用非粮食作物播种面积占农作物总播种面积的比重来测算"非粮化"（陈浮等，2021；孟菲等，2022；张颖诗等，2022）。

将"非粮化"作为一个变化过程来考虑，以参照基准时点粮食作物播种面积占农作物总播种面积比重的变化来定义，即以末期粮食作物播种面积占农作物总播种面积比重与基期粮食作物播种面积占农作物总播种面积比重之差来衡量"非粮化"/"趋粮化"。如果两者之差小于零，则称这一时期发生了"非粮化"；如果两者之差大于零，则称为"趋粮化"。

将耕地食物生产分为粮食类食物生产和其他食物生产。参照 LMDI 加法分解思路，粮食对耕地食物生产变化的影响值为：

$$\Delta E_{tot}^{粮食} = \Delta E_A^{粮食} + \Delta E_S^{粮食} + \Delta E_I^{粮食} \quad (3-5)$$

其中，$\Delta E_S^{粮食}$ 为"非粮化"/"趋粮化"对耕地食物生产变化的影响值。

与前文一致，采用"非粮化"/"趋粮化"和其他因素的绝对值占比来衡量其对耕地食物生产变化的影响程度。由计算方法可知，"非粮化"是负值，绝对值占比表示"非粮化"对耕地食物生产变化的抑制程度。

与前文不同的是，式（3-5）中的 A 不仅包括式（3-2）中食物作物的播种面积，还包括除食物作物之外其他所有农作物的播种面积，也就是农作物（粮食作物、油料作物、棉花、麻类、糖料、烟叶、药材、蔬菜、瓜果类、其他农作物）总播种面积与果园面积之和。需要说明的是，非食物作物热量为 0，不影响 LMDI 分解。

第三节 中国耕地食物热量的时空变化

一、中国耕地食物热量的时序变化

中国耕地食物热量从 1978 年的 43.83×10^{14} 千焦上升至 2020 年的 113.23×10^{14} 千焦，增长了 1.58 倍（见图 3-1）。中国耕地食物生产可以划分为：1978~1998 年波动增长阶段、1998~2003 年波动减少阶段、2003~2016 年快速回升阶段和 2016~2020 年缓慢增长阶段。1978~1998 年，尤其是 1984 年以来，中国耕地食物热量呈现"1 年减少、2 年增加"的态势，并在 1998 年达到极大值，为 80.04×10^{14} 千焦；之后，中国耕地食物热量减少至 2003 年的 69.63×10^{14} 千焦；2003~2016 年中国耕地食物热量快速回升，年均增速为 3.77%；2016 年后中国耕地食物热量增速明显放缓，年均增速为 1.28%。

中国口粮热量同样经历了波动增长、波动减少、快速回升和缓慢增长 4 个阶段。1997 年，中国口粮热量到达一个最高点，为 47.23×10^{14} 千焦；

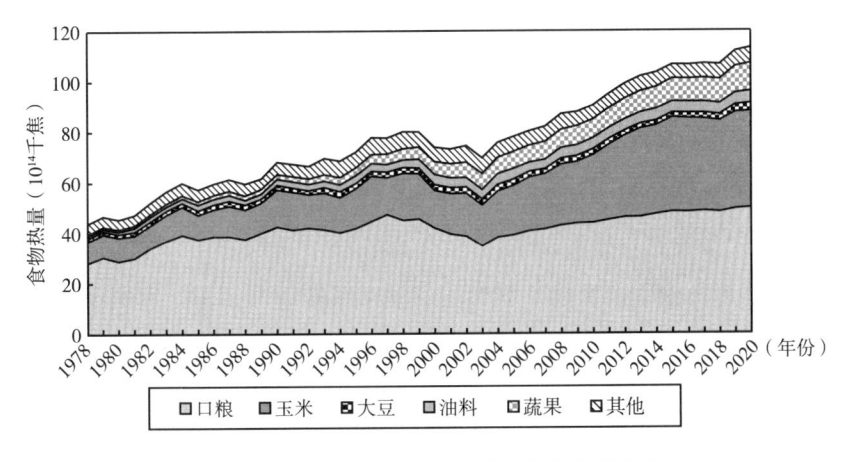

图 3-1 1978~2020年中国耕地食物热量变化

2003年跌破了1983年口粮热量水平，为34.73×10¹⁴千焦；之后口粮热量呈现恢复性增长，直至2015年；2016~2020年口粮热量相对平稳（见图3-1）。研究期间，中国口粮热量占食物热量的比重呈减少趋势，从1978年的64.27%下降至2020年的43.98%。

中国玉米热量从1978年的8.48×10¹⁴千焦波动增加到2004年的18.29×10¹⁴千焦，然后持续增加到2015年的37.20×10¹⁴千焦，最后波动增加到2020年的38.20×10¹⁴千焦（见图3-1）。与此同时，中国玉米热量占食物热量的比重从1978年的19.36%增长到2015年的34.93%，之后下降到2020年的33.74%。

中国大豆热量从1978年的1.28×10¹⁴千焦波动增加到2004年的2.84×10¹⁴千焦，然后波动减少到2015年的2.02×10¹⁴千焦，最后持续增加到2020年的3.20×10¹⁴千焦（见图3-1）。与此同时，中国大豆热量占食物热量的比重处于波动变化之中，1978年的比重值为2.93%，2020年的比重值为2.82%。

中国油料热量从1978年的0.74×10¹⁴千焦波动增加到2020年的4.84×10¹⁴千焦，增长了5.54倍（见图3-1）。与此同时，中国油料热量占食物热量的比重从1978年的1.70%波动增长到2003年的8.97%，之后波动下降到2020年的5.44%。

中国蔬果热量从1978年的0.85×10¹⁴千焦波动增加到2020年的11.04×

10^{14}千焦,增长了 11.99 倍（见图 3-1）。与此同时，中国蔬果热量占食物热量的比重从 1978 年的 1.94% 波动增长到 2020 年的 9.75%。

总之，尽管口粮一直是中国耕地食物热量供给的主体，但占比在 1978~2020 年下降了近 20 个百分点。研究期间，蔬果生产增速最快，其热量占比增长了 4.02 倍；其次为油料，占比增长了 2.2 倍；然后是玉米，占比增长了 0.74 倍。尽管大豆热量翻了一倍多，但占比基本不变。

中国耕地食物生产变化是政府与市场互动作用的结果。家庭联产承包责任制改革之后，农民的生产经营自主权不断增大，并在《农村土地承包法》中确定下来。随着经济发展，中国居民对蔬、果、油、糖、肉、奶、蛋等食物的需求越来越大，再加上农产品市场化改革不断深化，农产品价格持续分化，种粮比较收益下降，越来越多的农民以市场价格为导向种植收益更高的经济作物。政府作为保障国家粮食安全的主体，不断优化粮食生产宏观调控政策，尤其是面对 1998~2003 年粮食生产持续性下降的严峻形势，中央政府及时调整了粮食政策，重点推行了"一分区"（划定粮食主产区）、"两减免"（减免农业税和取消特产税）、"三补贴"（实施种粮直接补贴、良种补贴和农机补贴）、"四保障"（实行粮食最低保护价格、严格保护耕地、严控农资价格、增加农民收入）等一揽子计划，稳定粮食生产、保障国家粮食安全的成效显著。之后，在 2016 年印发并实施《全国种植业结构调整规划（2016~2020 年）》，粮食生产宏观调控政策得到了不断优化。

二、中国耕地食物热量的省域差异

（一）食物

中国耕地食物生产 1978 年主要集中在东部、中部、东北和四川，到 2020 年转移至东北（包括内蒙古）、黄淮海、两湖、四川等粮食主产区。其中，1978~1998 年，所有省份食物热量均增加，内蒙古、吉林和宁夏的食物热量的增幅排在前三，分别增长了 14.14 倍、1.74 倍和 1.49 倍。1998~2003 年，除西藏、云南、广西和海南外，其他省份食物热量均减少，这 4 个省份的食物热量分别增长了 0.13 倍、0.09 倍、0.08 倍和 0.05 倍；北京、上海和天津 3 个直辖市食物热量减幅最大，分别为 63.32%、41.84% 和

36.31%。2003年耕地食物生产主要集聚在黄淮海、两湖和四川等粮食主产区，2003～2016年，除北京、浙江、福建、海南、上海和广东外，其余省份耕地食物热量均增加；其中，前三者的减幅分别为29.01%、24.49%和24.39%。耕地食物热量增幅排前三位的省份黑龙江、内蒙古和新疆，分别增长了1.85倍、1.48倍和1.05倍。2016～2020年，北京、上海、贵州、吉林、江西和海南食物热量减少，前三者的减幅分别为35.81%、15.87%和10.35%；其余省份食物热量均增加，但增幅不大，仅内蒙古、天津、甘肃、河南、广东、福建和浙江食物热量增幅超过10%，前三者分别增长了0.18倍、0.17倍和0.2倍（见表3-2）。

表3-2　　　　　　　　中国食物热量的省域差异　　　　　　　单位：10^{14}千焦

省份	1978年	1998年	2003年	2016年	2020年
北京	0.2917	0.3871	0.1420	0.1008	0.0647
天津	0.1841	0.3569	0.2273	0.3089	0.3616
河北	2.2361	4.5969	3.9564	5.8151	6.1470
山西	1.2381	2.1153	1.7873	2.1209	2.2936
内蒙古	0.1565	2.3696	2.0128	4.9956	5.8823
辽宁	1.8646	2.7638	2.3409	3.5468	3.7727
吉林	1.3211	3.6138	3.3153	5.9447	5.6530
黑龙江	2.0735	4.4609	3.7233	10.6140	11.2206
上海	0.3272	0.3556	0.2068	0.1922	0.1617
江苏	3.3775	5.2293	4.1368	5.6367	6.1002
浙江	2.0838	2.2090	1.4252	1.0762	1.1842
安徽	2.0606	3.9904	3.5367	5.9618	6.3191
福建	1.0930	1.4357	1.1284	0.8532	0.9393
江西	1.7387	2.4669	2.2996	3.5790	3.5247
山东	2.7933	6.7240	5.6944	8.4641	9.1339
河南	2.6756	6.1599	5.5448	10.0886	11.2564
湖北	2.5193	4.1143	3.4057	4.8548	4.9389
湖南	3.0620	4.1162	3.8660	5.1602	5.2995
广东	2.5751	3.3627	2.6039	2.5553	2.8427

续表

省份	1978年	1998年	2003年	2016年	2020年
广西	1.7325	3.3628	3.6259	4.4108	4.7283
海南	0.2259	0.3950	0.4142	0.3583	0.3574
重庆	1.0720	1.4792	1.4571	1.5616	1.6548
四川	4.2922	5.2605	4.7724	5.4939	5.8973
贵州	0.9276	1.6432	1.5981	1.9531	1.7509
云南	1.2961	2.3048	2.5014	3.2054	3.4960
西藏	0.0783	0.1306	0.1471	0.1638	0.1673
陕西	1.1721	1.9508	1.5009	2.2031	2.4075
甘肃	0.6849	1.3384	1.1223	1.6619	1.8599
青海	0.1242	0.2188	0.1526	0.1840	0.1956
宁夏	0.1749	0.4358	0.3948	0.5578	0.5902
新疆	0.5879	1.4343	1.3344	2.7413	2.9860

（二）口粮

中国口粮生产1978年主要集中在华北及以南地区，1998年主要集中在东北、华中和四川等地区。1978~1998年，除浙江口粮热量减少0.29%，其他省域口粮热量均增加，增幅较大的省份主要集中在东北和华北地区，排在前三位的是内蒙古、黑龙江和吉林，分别增长了5.58倍、2.37倍和1.65倍。1998~2003年，除云南口粮热量增长了8.44%，其余省份口粮热量均减少，其中，北京、天津和内蒙古减幅排前三，分别为84.00%、68.56%和66.27%。2003~2016年，14个省份口粮热量降低，主要集中在西南和东部沿海地区，降幅排前三位的是北京、浙江和福建，分别为55.98%、29.32%和26.48%。口粮热量增幅较大的省份主要集中在北部地区，排在前三位的是黑龙江、吉林和内蒙古，分别增长了2.17倍、1.07倍和1.06倍。中国口粮生产2020年主要集中在黄淮海和黑龙江，2016~2020年，西北、西南和长江中游以南等部分地区口粮热量减少，排名前三位的是北京、西藏和宁夏，降幅分别为41.23%、29.86%和25.28%；增幅较大的省份主要集中在华北等地区，其中，天津和内蒙古增幅最大，分别增长了0.51倍和1.2倍（见表3-3）。

表 3-3　　　　　　　中国口粮热量的省域差异　　　　单位：10^14 千焦

省份	1978 年	1998 年	2003 年	2016 年	2020 年
北京	0.1297	0.1617	0.0259	0.0114	0.0067
天津	0.0899	0.1775	0.0558	0.1071	0.1620
河北	1.0103	1.9902	1.4104	2.0369	2.1091
山西	0.1989	0.4785	0.3412	0.3047	0.3374
内蒙古	0.0766	0.5037	0.1699	0.3500	0.4207
辽宁	0.3288	0.6391	0.5170	0.5957	0.6512
吉林	0.2164	0.5738	0.4687	0.9711	0.9692
黑龙江	0.5226	1.7607	1.2730	4.0396	4.2347
上海	0.2615	0.2820	0.1288	0.1499	0.1306
江苏	2.4671	4.1442	2.8411	4.4015	4.7450
浙江	1.8443	1.8390	0.9643	0.6816	0.7336
安徽	1.6769	2.8955	2.2478	4.4420	4.6345
福建	0.9244	1.0780	0.7616	0.5599	0.5691
江西	1.6102	2.0778	1.9739	3.1034	2.9851
山东	1.2722	3.1832	2.1880	3.4305	3.7811
河南	1.5668	3.5896	3.3876	5.5343	6.0608
湖北	2.1213	2.9678	2.1615	3.2986	3.2762
湖南	2.8280	3.4334	3.0195	3.9545	3.8454
广东	2.1717	2.3447	1.6970	1.5056	1.5979
广西	1.3627	1.8744	1.7438	1.5442	1.4738
海南	0.1393	0.2352	0.2076	0.1893	0.1835
重庆	0.6180	0.9393	0.8310	0.7210	0.7194
四川	2.7587	3.2655	2.6965	2.4689	2.4929
贵州	0.5592	0.8502	0.7640	0.7157	0.6517
云南	0.7349	1.0012	1.0857	0.8537	0.8614
西藏	0.0287	0.0436	0.0369	0.0365	0.0256
陕西	0.4902	0.8894	0.6338	0.6512	0.7021
甘肃	0.3506	0.6161	0.3665	0.3649	0.3832
青海	0.0788	0.1178	0.0488	0.0574	0.0532
宁夏	0.1128	0.2292	0.1539	0.1487	0.1111
新疆	0.3058	0.7541	0.5297	1.0079	0.8851

(三) 玉米

中国玉米生产 1978 年主要集中在东北和黄淮海，1998 年这些地区的玉米生产优势进一步巩固。1978～1998 年，除上海和浙江外，其余省份的玉米热量均增加，两者减幅分别为 18.07% 和 50.82%。玉米热量增幅排前三的省份福建、内蒙古和宁夏，分别增长了 68 倍、39.94 倍和 14.42 倍。1998～2003 年，18 个省份玉米热量减少，减少地区主要集聚在东北、黄淮海和西北的东部等地区，其中，北京、上海和青海的玉米热量降幅最大，分别为 73.74%、35.29% 和 32%。湖南、浙江和西藏的玉米热量增幅排前三位，分别增长了 0.57 倍、0.44 倍和 0.28 倍。2003～2016 年，除海南、上海和福建外，其余省份玉米热量均增加，这 3 个省份的减幅分别为 100%、13.64% 和 5.52%。青海、黑龙江和河南的玉米热量增幅排在前三位，分别增长了 10.24 倍、3.71 倍和 1.89 倍。2016～2020 年，上海、贵州、北京、湖北、吉林、天津和黑龙江东的玉米热量减少，其余省份的玉米热量增加；其中，前三者的减幅分别为 65.79%、49.63% 和 40.54%。玉米增幅较大的省份主要集中在华北地区，其中，江西、福建和新疆增幅排前三位，分别增长了 0.41 倍、0.41 倍和 0.27 倍（见表 3-4）。

表 3-4　　　　　　　　中国玉米热量的省域差异　　　　　　单位：10^{14} 千焦

省份	1978 年	1998 年	2003 年	2016 年	2020 年
北京	0.0917	0.1721	0.0452	0.0597	0.0355
天津	0.0478	0.1060	0.0910	0.1667	0.1608
河北	0.7834	1.6668	1.5073	2.8518	3.0069
山西	0.4110	0.6684	0.6696	1.4293	1.4360
内蒙古	0.0288	1.1791	1.2477	3.5986	4.0194
辽宁	0.9144	1.5737	1.2737	2.5414	2.6290
吉林	0.8811	2.7023	2.2679	4.6140	4.3575
黑龙江	0.9433	1.6844	1.1666	5.4936	5.3441
上海	0.0083	0.0068	0.0044	0.0038	0.0013
江苏	0.1865	0.4018	0.2769	0.3993	0.4518
浙江	0.0425	0.0209	0.0302	0.0307	0.0380

续表

省份	1978年	1998年	2003年	2016年	2020年
安徽	0.0576	0.3180	0.3659	0.8908	0.9719
福建	0.0002	0.0138	0.0163	0.0154	0.0217
江西	0.0015	0.0122	0.0088	0.0215	0.0303
山东	0.9281	2.1813	1.9811	3.6698	3.8036
河南	0.7112	1.5392	1.0759	3.1117	3.4328
湖北	0.1562	0.2622	0.2352	0.5018	0.4565
湖南	0.0334	0.1152	0.1805	0.2808	0.3271
广东	0.0091	0.0840	0.0746	0.0778	0.0853
广西	0.1562	0.2193	0.2242	0.3872	0.4005
海南	0.0024	0.0073	0.0086	0.0000	0.0000
重庆	0.2039	0.2679	0.2906	0.3549	0.3680
四川	0.6650	0.8748	0.7263	1.4854	1.5608
贵州	0.2639	0.4338	0.4491	0.6408	0.3228
云南	0.3533	0.5871	0.5615	1.2528	1.3746
西藏	0.0003	0.0018	0.0023	0.0041	0.0041
陕西	0.4428	0.6755	0.5240	0.8932	0.9089
甘肃	0.1539	0.3622	0.3432	0.8310	0.9039
青海	0.0017	0.0025	0.0017	0.0191	0.0217
宁夏	0.0091	0.1403	0.1684	0.3096	0.3651
新疆	0.2040	0.3858	0.4455	1.0749	1.3606

（四）大豆

中国大豆生产1978年主要集中在东北和黄淮海，2020年这些地区的黑龙江、内蒙古、安徽、河南的大豆生产优势进一步巩固。1978~1998年，西藏、重庆、辽宁、四川和吉林的大豆热量减少，其余省份的大豆热量增加；其中，前三者的减幅分别为94.44%、35.51%和23.71%。大豆热量增幅较大的省份主要集中在华北和东南等地区，其中，内蒙古、海南和新疆的大豆热量增幅排前三，分别增长了40.38倍、4.75倍和3.82倍。1998~2003年，12个省份大豆热量减少，其主要集中在华北和华东地区，其中，陕西、山东和河南降幅最大,分别为 61.26%、49.44% 和 49.44%。增幅排名前三位的省份为西藏、吉林和四川,分别增长了 5 倍、1.04 倍和 0.82 倍。2003~2016 年,近 33% 的省份大豆热量增加,其主要集中在西南地区,其中,云南、内蒙古和重庆的大豆热量增幅排名前三位,分别增长了 1.91 倍、1.81 倍和 0.91 倍。在此期间,大豆热量减幅较大的省份主要集中在华北和东北等地区,其中,尤以新疆、宁夏和天津减幅最大,减幅分别 100%、100% 和 86.96%。2016~2020 年,除西藏、上海、北京、甘肃和贵州外,其余省份大豆热量均增加,这 5 个省份的减幅分别为 100%、75%、16.67%、8.84% 和 9%。大豆热量增幅较大的省份主要集中在东北地区,河南、吉林和海南的大豆热量增幅排前三位,分别增长了 1.16 倍、1.87 倍和 0.86 倍(见表 3-5)。

表 3-5　　　　　　　　中国大豆热量的省域差异　　　　　　单位:10^{14} 千焦

省份	1978 年	1998 年	2003 年	2016 年	2020 年
北京	0.0025	0.0038	0.0042	0.0006	0.0005
天津	0.0042	0.0079	0.0092	0.0012	0.0013
河北	0.0547	0.1142	0.0697	0.0240	0.0364
山西	0.0229	0.0526	0.0448	0.0251	0.0339
内蒙古	0.0034	0.1407	0.0805	0.2265	0.3828
辽宁	0.0966	0.0737	0.0970	0.0222	0.0390
吉林	0.1170	0.1108	0.2258	0.0560	0.1047
黑龙江	0.3602	0.6678	0.8423	0.8453	1.5010
上海	0.0025	0.0033	0.0026	0.0008	0.0002
江苏	0.0619	0.0972	0.0852	0.0691	0.0846
浙江	0.0203	0.0339	0.0397	0.0306	0.0354
安徽	0.0627	0.1338	0.1500	0.1359	0.1515
福建	0.0085	0.0309	0.0270	0.0114	0.0155
江西	0.0186	0.0439	0.0288	0.0365	0.0453
山东	0.0975	0.2055	0.1039	0.0505	0.0905
河南	0.1178	0.1683	0.0851	0.0704	0.1523
湖北	0.0509	0.0612	0.0672	0.0472	0.0579
湖南	0.0220	0.0563	0.0596	0.0342	0.0509
广东	0.0136	0.0261	0.0231	0.0129	0.0148

续表

省份	1978 年	1998 年	2003 年	2016 年	2020 年
广西	0.0119	0.0487	0.0540	0.0210	0.0251
海南	0.0004	0.0023	0.0024	0.0009	0.0016
重庆	0.0138	0.0089	0.0150	0.0287	0.0329
四川	0.0458	0.0380	0.0692	0.1209	0.1652
贵州	0.0203	0.0261	0.0266	0.0401	0.0365
云南	0.0161	0.0194	0.0222	0.0647	0.0757
西藏	0.0018	0.0001	0.0006	0.0012	0.0000
陕西	0.0339	0.0617	0.0239	0.0365	0.0385
甘肃	0.0093	0.0165	0.0196	0.0147	0.0134
青海	0.0000	0.0000	0.0000	0.0000	0.0000
宁夏	0.0034	0.0057	0.0030	0.0000	0.0007
新疆	0.0034	0.0164	0.0297	0.0000	0.0085

（五）油料

中国油料生产1978年主要集中在黄河以南长江以北地区，2020年这些地区中的四川、湖北和河南的油料生产优势进一步扩大。其中，1978～1998年，除上海和北京外，其他省份油料热量均增加，这2个省份的减幅分别为43.15%和13.64%。油料热量增幅较大的省份主要集中在华北和华中地区，其中，内蒙古、山西和湖北的油料热量增幅排前三位，分别增长了10.03倍、7.90倍和7.20倍。1998～2003年，除江西、山西、天津、广西和上海外，其他省份的油料热量均增加，这5个省份的减幅分别为17.47%、15.34%、15.21%、17.55%和7.30%。油料热量增幅较大的省份集中在东北地区，其中，辽宁、黑龙江和吉林的油料热量分别增长了1.49倍、1.47倍和1.36倍。2003～2016年，14个省份的油料热量减少，主要集中在华北和华东地区，其中，北京、上海和江苏的降幅最大，分别为77.27%、85.82%和60.81%。油料热量增幅较大的省份主要集中在西南地区，增幅排前三位的省份内蒙古、云南和湖南，分别增长了1.78倍、1倍和0.93倍。2016～2020年，15个省份的油料热量减少，其主要集中在西北、华北和东北地区，其中，天津、黑龙江和北京的减幅排前三位，分别为88.24%、

56.68%和40%。油料热量增幅排前五的省份河南、浙江、辽宁、广西和福建，分别增长了0.29倍、0.28倍、0.26倍、0.24倍和0.24倍（见表3-6）。

表3-6　　　　　　　中国油料热量的省域差异　　　　单位：10^{14}千焦

省份	1978年	1998年	2003年	2016年	2020年
北京	0.0022	0.0019	0.0022	0.0005	0.0003
天津	0.0013	0.0046	0.0039	0.0017	0.0002
河北	0.0249	0.1131	0.1240	0.1056	0.1070
山西	0.0071	0.0632	0.0535	0.0241	0.0232
内蒙古	0.0132	0.1456	0.1691	0.3682	0.3540
辽宁	0.0155	0.0189	0.0471	0.0556	0.0701
吉林	0.0270	0.0289	0.0682	0.0917	0.0595
黑龙江	0.0157	0.0266	0.0657	0.0277	0.0120
上海	0.0241	0.0137	0.0127	0.0018	0.0014
江苏	0.0530	0.1720	0.3432	0.1345	0.1372
浙江	0.0447	0.0701	0.0849	0.0462	0.0593
安徽	0.0600	0.2523	0.3852	0.2333	0.2364
福建	0.0108	0.0191	0.0197	0.0139	0.0172
江西	0.0218	0.1288	0.1063	0.1791	0.1836
山东	0.0610	0.2279	0.2473	0.2152	0.2071
河南	0.0480	0.2843	0.3222	0.4345	0.5611
湖北	0.0479	0.3929	0.4734	0.5173	0.5910
湖南	0.0357	0.2160	0.2191	0.4223	0.5021
广东	0.0277	0.0542	0.0559	0.0707	0.0806
广西	0.0132	0.0530	0.0473	0.0461	0.0571
海南	0.0025	0.0069	0.0069	0.0064	0.0054
重庆	0.0140	0.0416	0.0733	0.1077	0.1198
四川	0.1034	0.2583	0.3677	0.6285	0.7173
贵州	0.0175	0.1202	0.1400	0.2165	0.1927
云南	0.0085	0.0295	0.0536	0.1073	0.1207

续表

省份	1978 年	1998 年	2003 年	2016 年	2020 年
西藏	0.0017	0.0063	0.0103	0.0129	0.0106
陕西	0.0110	0.0597	0.0736	0.0979	0.1021
甘肃	0.0153	0.0815	0.0829	0.1484	0.1159
青海	0.0093	0.0436	0.0545	0.0653	0.0631
宁夏	0.0043	0.0131	0.0202	0.0118	0.0113
新疆	0.0186	0.0641	0.0850	0.1216	0.0930

(六) 蔬果

中国蔬果生产1978年主要集中在黄淮海、四川等地区，2020年，黄淮海、两广等地区蔬果生产优势进一步加强。其中，1978~1998年，所有省份的蔬果热量均增加，浙江、海南和湖北的增幅排前三位，分别增长了16.75倍、16.72倍和7.89倍。1998~2003年，除安徽和贵州外，其他省份的蔬果热量均增加，这两个省份的减幅分别为6.65%和16.47%。蔬果热量增幅排名前三位的省份新疆、海南和西藏，分别增长了1.15倍、0.83倍和0.77倍。2003~2016年，除吉林、北京、天津、上海、黑龙江和河北外，其他省份的蔬果热量均增加，这6个省份的减幅分别为62.22%、55.47%、48.12%、38%、37.76%和6.70%。蔬果增幅排名前三位的省份新疆、云南和宁夏，分别增长了2.67倍、2.42倍和2.02倍。2016~2020年，除北京、上海、内蒙古和黑龙江外，其他省份蔬果热量均增加，这4个省份的减幅分别为24.55%、9.51%、9.6%和3.53%。蔬果热量增幅较大的省份主要集中在西南和两广地区，其中，贵州、甘肃和吉林排前三位，分别增长了0.76倍、0.48倍和0.47倍（见表3-7）。

表3-7　　　　　　中国蔬果热量的省域差异　　　　　单位：10^{14}千焦

省份	1978 年	1998 年	2003 年	2016 年	2020 年
北京	0.0178	0.0440	0.0622	0.0277	0.0209
天津	0.0115	0.0505	0.0588	0.0305	0.0316
河北	0.0713	0.4203	0.6657	0.6211	0.6946

续表

省份	1978年	1998年	2003年	2016年	2020年
山西	0.0432	0.1015	0.1328	0.2194	0.2627
内蒙古	0.0142	0.0443	0.0803	0.1293	0.1169
辽宁	0.0735	0.1811	0.2322	0.2606	0.3077
吉林	0.0330	0.0765	0.0961	0.0363	0.0535
黑龙江	0.0451	0.1007	0.1274	0.0793	0.0756
上海	0.0141	0.0313	0.0492	0.0305	0.0276
江苏	0.1301	0.2066	0.3661	0.5521	0.6053
浙江	0.0072	0.1278	0.2147	0.2470	0.2707
安徽	0.0468	0.1895	0.1769	0.2287	0.2975
福建	0.0406	0.1439	0.1963	0.2130	0.2694
江西	0.0563	0.1088	0.1161	0.1977	0.2344
山东	0.1526	0.6854	1.0072	1.0415	1.1813
河南	0.0425	0.3586	0.5060	0.8682	0.9653
湖北	0.0304	0.2704	0.3233	0.4423	0.4992
湖南	0.0742	0.1562	0.2441	0.4090	0.5023
广东	0.0451	0.2736	0.3635	0.5066	0.6621
广西	0.0799	0.1892	0.2522	0.5443	0.7907
海南	0.0018	0.0319	0.0583	0.1093	0.1304
重庆	0.0428	0.0722	0.0886	0.2046	0.2598
四川	0.1061	0.1951	0.2838	0.4910	0.6167
贵州	0.0173	0.0922	0.0686	0.2022	0.3553
云南	0.0235	0.0562	0.0886	0.3033	0.3936
西藏	0.0003	0.0013	0.0023	0.0061	0.0077
陕西	0.0241	0.1130	0.1720	0.4420	0.5638
甘肃	0.0075	0.0595	0.0925	0.1653	0.2441
青海	0.0018	0.0042	0.0067	0.0126	0.0136
宁夏	0.0033	0.0121	0.0214	0.0647	0.0705
新疆	0.0128	0.0524	0.1124	0.4126	0.5007

第四节 中国耕地食物热量变化的结构分解

基于中国耕地食物生产的时序特征，从 1978～1998 年、1998～2003 年、2003～2016 年和 2016～2020 年 4 个阶段分析主要食物类型对耕地食物生产变化的影响程度。

中国耕地食物热量在 1978～1998 年增加了 36.21×10^{14} 千焦，其中口粮贡献最大，其值为 16.77×10^{14} 千焦，占比 46.31%（见表 3-8）。北京、河北、山西、内蒙古、辽宁、吉林和宁夏耕地食物热量增加主要来源于玉米；浙江为蔬果；广东、广西、云南和西藏为其他食物类型；其余省份则为口粮（见图 3-2（a））。

表 3-8 不同阶段中国耕地食物热量变化的结构分解 单位：10^{14}千焦

时间段	食物	口粮	玉米	大豆	油料	蔬果	"非粮化"/"趋粮化"
1978～1998 年	36.21	16.77	10.18	0.99	2.27	3.60	-7.49
1998～2003 年	-10.41	-10.20	-2.40	0.04	0.80	1.82	-7.63
2003～2016 年	36.78	13.49	20.75	-0.27	0.73	2.84	6.33
2016～2020 年	6.82	1.57	1.19	1.15	0.30	1.93	-3.10

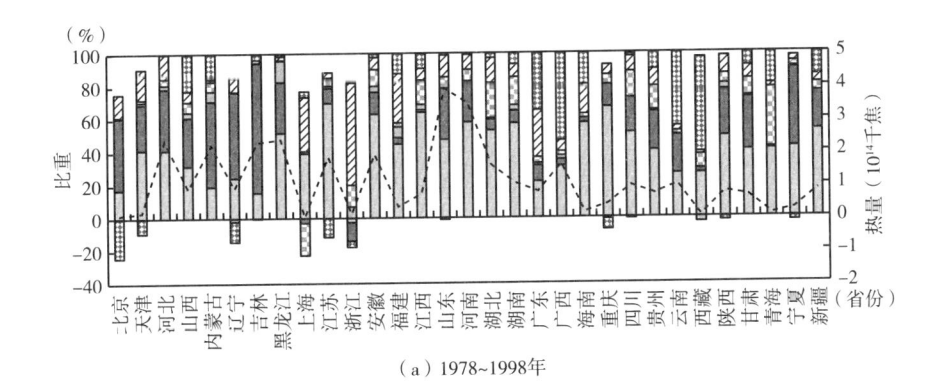

（a）1978~1998 年

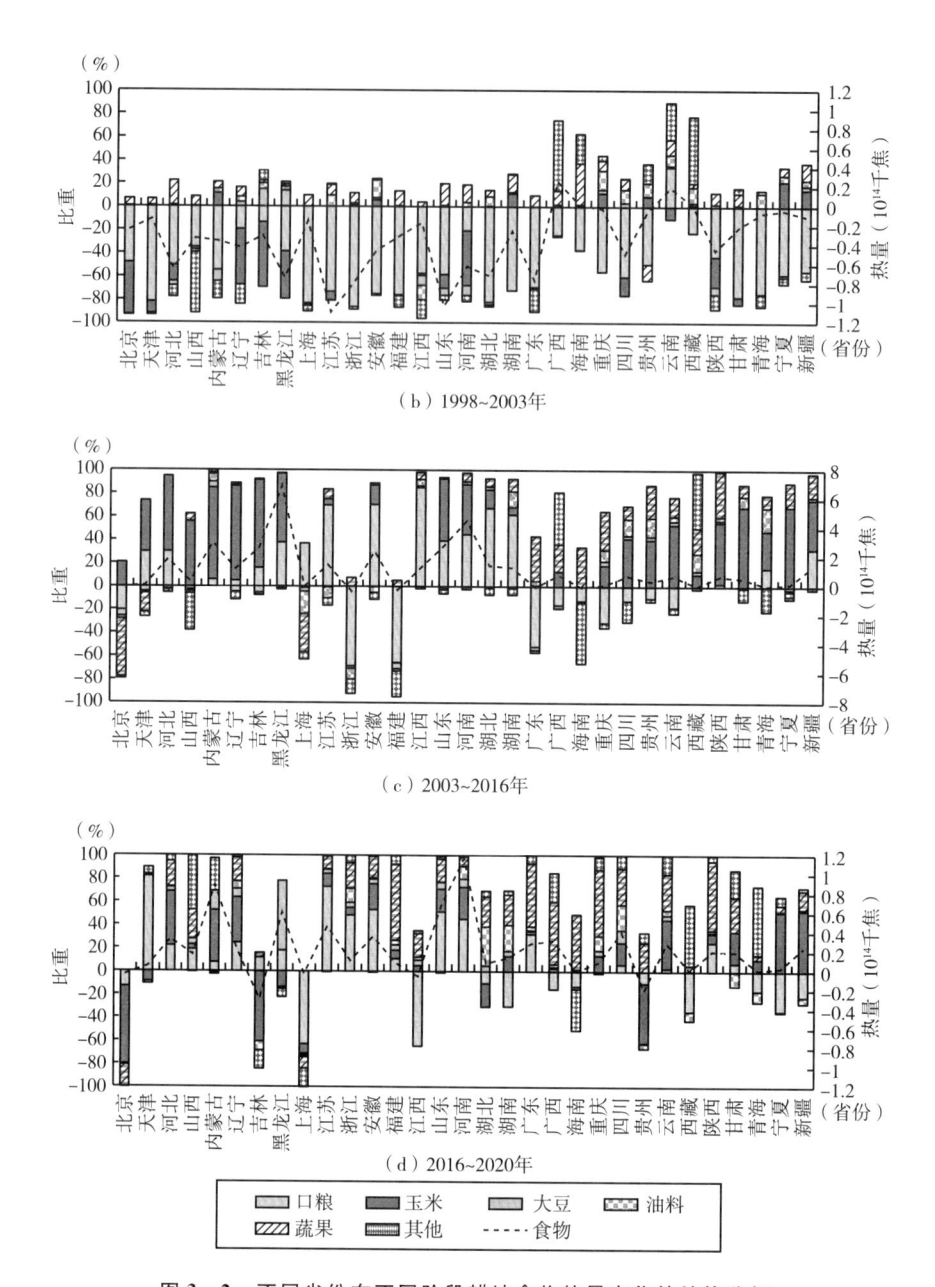

图 3-2　不同省份在不同阶段耕地食物热量变化的结构分解

中国耕地食物热量在 1998~2003 年减少了 10.41×10^{14} 千焦，主要是口粮减少了 10.20×10^{14} 千焦，影响程度是 56.84%；其次是玉米减少了 2.40×10^{14} 千焦（见表 3-3）。辽宁、吉林、黑龙江和河南耕地食物热量减少主要来源于玉米；山西为其他食物类型；其余耕地食物热量减少的省份为口粮（见图3-2（b））。由图3-2（b）还可知，海南耕地食物热量增加主要来源于蔬果；云南为口粮，广西和西藏为其他食物类型。

中国耕地食物热量在2003~2016年增加了36.78×10^{14}千焦，其中玉米贡献了20.75×10^{14}千焦，占比53.43%；其次是口粮，贡献了13.49×10^{14}千焦（见表3-3）。江苏、安徽、江西、河南、湖北、湖南耕地食物热量增加主要来源于口粮；重庆为蔬果；广西和西藏为其他食物类型；其余耕地食物热量增加的省份为玉米（见图3-2（c））。同时，浙江、福建和广东耕地食物热量减少主要来源于口粮；北京、天津和上海为蔬果；海南为其他食物类型（见图3-2（c））。

中国耕地食物热量在2016~2020年增加了6.82×10^{14}千焦，其中蔬果贡献了1.93×10^{14}千焦，占比31.40%；其次是口粮，贡献了1.57×10^{14}千焦（见表3-3）。天津、江苏、浙江、安徽、山东和河南耕地食物热量增加主要来源于口粮；河北、内蒙古、辽宁、宁夏和新疆为玉米；黑龙江为大豆；湖北为油料；福建、湖南、广东、广西、重庆、四川、云南、陕西和甘肃为蔬果；山西、西藏和青海为其他食物类型（见图3-2（d））。同时，北京、吉林和贵州耕地食物热量减少主要来源于玉米；上海、江西、西藏、青海、宁夏和新疆为口粮；海南为其他食物类型。

第五节 "非粮化"对耕地食物热量变化的影响程度

总体而言，改革开放以来中国的耕地食物生产从"以粮为纲"向多样化转型，表现为粮食播面占比呈下降趋势（见图3-3）。与此同时，中国居民的膳食结构由"粮菜型"向"粮肉菜果"多元型转变。可以说，耕地食物生产的多样化是适应居民膳食结构转型升级的必然结果。与上节一样，从1978~1998年、1998~2003年、2003~2016年和2016~2020年4个阶段分析"非粮化"对耕地食物生产变化的影响程度。

由表3-3可知，1978~1998年、1998~2003年和2016~2020年中国耕地食物热量因"非粮化"分别减少7.49×10^{14}千焦、7.63×10^{14}千焦和3.10×10^{14}

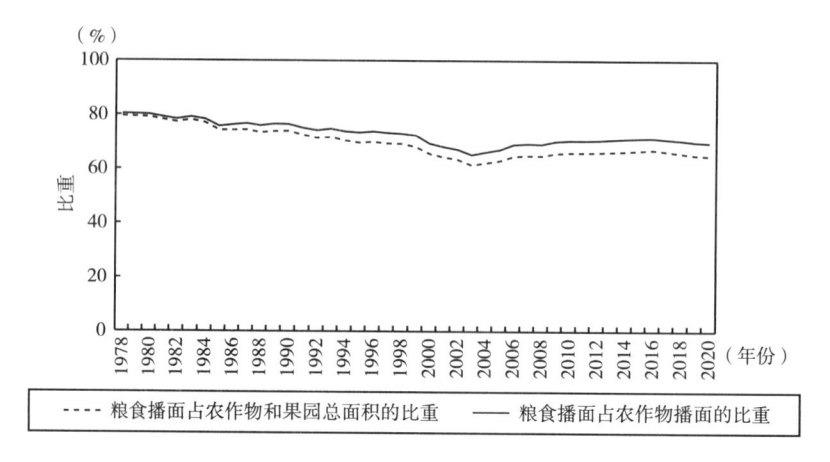

图 3-3 1978~2020 年中国粮食播面占比变化

千焦,在 14.63%、73.30% 和 23.81% 程度上抑制了耕地食物热量增长。

1978~1998 年,近 42% 的省份耕地食物热量增长受到"非粮化"的抑制作用,这些省份集中在东南沿海和长江流域,还有山西、西藏和新疆(见图 3-4(a))。浙江、广东和福建耕地食物热量增长受到"非粮化"抑制的程度靠前,分别为 37.92%、36.91% 和 33.17%。

1998~2003 年,除江西之外,其余省份耕地食物热量供给均受到"非粮化"的抑制作用,其中山东、湖北和上海"非粮化"的抑制程度靠前,分别为 94.79%、93.64% 和 89.44%(见图 3-4(b))。由图 3-4(b)进一步可知,除了广西、海南、云南和西藏外,其余省份的"非粮化"引起了耕地食物热量供给的减少。

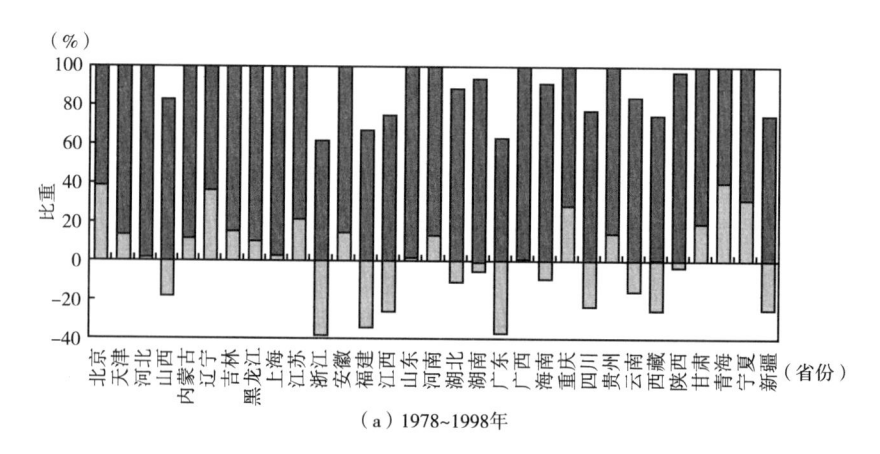

(a) 1978~1998 年

(b) 1998~2003年

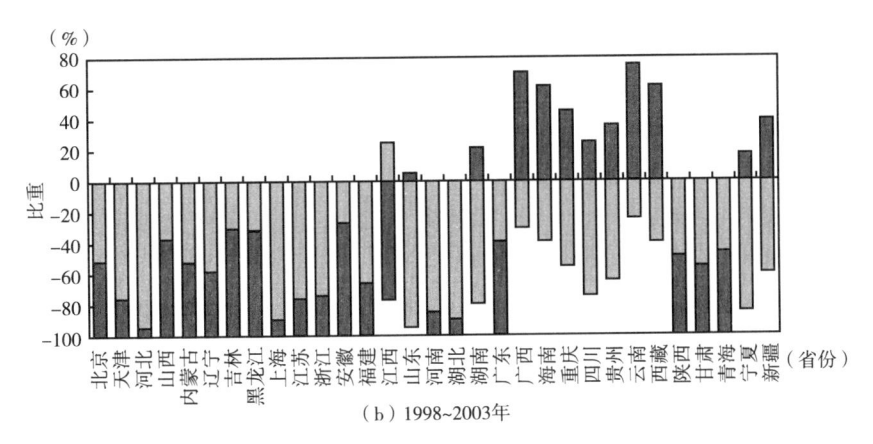

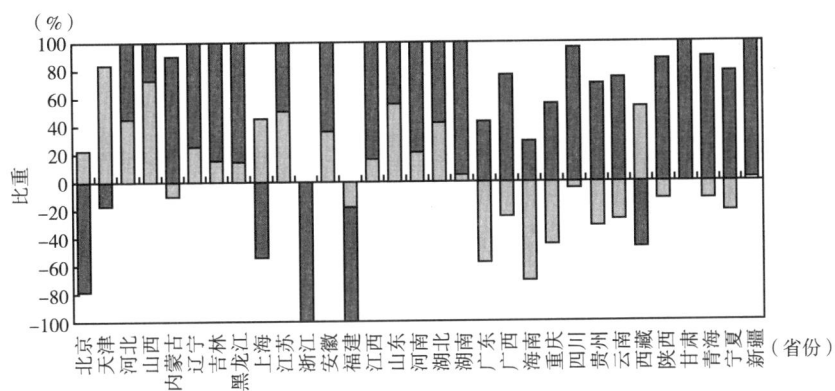

(c) 2003~2016年

(d) 2016~2020年

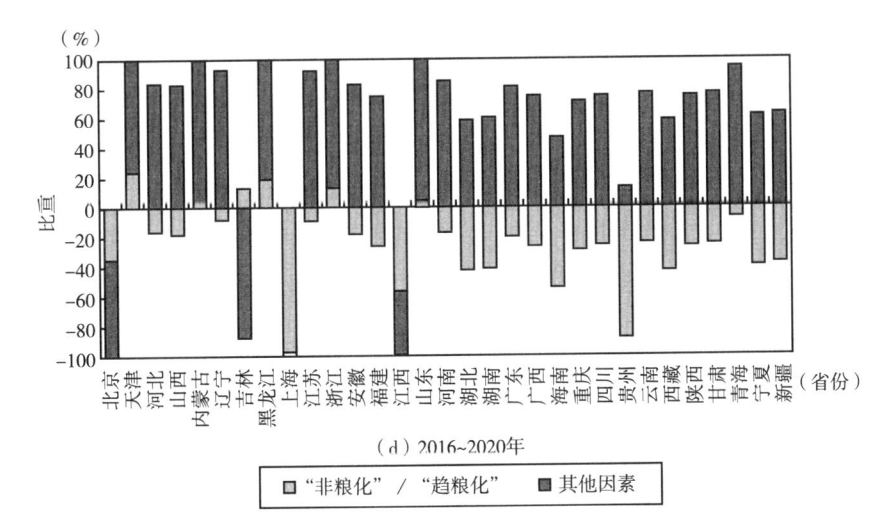

"非粮化"/"趋粮化"　　其他因素

图 3-4 "非粮化"对耕地食物热量变化的影响程度

2003~2016年，近42%的省份耕地食物热量增长受到"非粮化"的抑制作用，这些省份集中在东南沿海、西南和西北地区，其中海南、广东和重庆"非粮化"的抑制程度靠前，分别为70.46%、56.58%和44.02%（见图3-4（c））。由图3-4（c）进一步可知，浙江、福建、广东、海南的"非粮化"引起了耕地食物热量供给的减少，其中广东和海南的"非粮化"是耕地食物热量供给减少的主要原因。

2016~2020年，除天津、内蒙古、吉林、黑龙江、浙江、山东外，其余省份耕地食物热量供给均受到"非粮化"的抑制作用，其中，上海、贵州和江西"非粮化"的抑制程度靠前，分别为96.31%、86.79%和55.36%；湖北、湖南、海南和西藏"非粮化"的抑制程度在40%~50%之间；北京、福建、广西、重庆、四川、云南、陕西、甘肃、宁夏和新疆"非粮化"的抑制程度在20%~40%之间；青海"非粮化"的抑制程度最低，为5.92%（见图3-4（d））。由图3-4（d）同样可知，北京、上海、江西、海南和贵州的"非粮化"引起了耕地食物热量供给的减少，其中上海、江西、海南和贵州的"非粮化"是耕地食物热量供给减少的主要原因。

在工业化和城镇化的进程中，中国不同地区的耕地食物生产在依托自然资源禀赋追求高收益的导向下逐渐分化。"非粮化"对耕地食物热量增长的抑制作用在1978~1998年就已经显现，尤其是工业化、城镇化快速发展的东南沿海和长江流域等部分地区。随后，在市场化改革和种粮收益低下的背景下，除江西外的各省份耕地食物热量供给均受到"非粮化"的抑制作用。2003~2016年，"非粮化"对中国耕地食物热量的抑制作用集中在东南沿海、西南和西北地区，其中，两广、云南和海南具有糖料生产优势，西北光照强等自然环境特征使其具有蔬果生产优势。《全国种植业结构调整规划（2016~2020年）》的实施，使得稳粮扩经成为这一时期主要调整方向。2016~2020年，80.64%的省份耕地食物热量供给受到"非粮化"的抑制作用，但全国层面的耕地食物热量仍然在增长。相较而言，粮食主产省份"非粮化"对耕地食物热量供给的抑制作用程度更低。

第六节　小　　结

中国耕地食物生产经过波动增长（1978~1998年）、波动减少（1998~

2003年)、快速回升(2003~2016年)和缓慢增长(2016~2020年)4个阶段之后,2020年耕地食物热量达113.23×10^{14}千焦,是1978年的2.58倍。口粮一直是耕地食物热量的主体,但其占比大幅下降。蔬果生产增速最快,热量占比增长了4.02倍。

1978~2020年,西北地区耕地食物热量主体由口粮转为玉米;广西由口粮转为糖料;青海由口粮转为油料;其余省份不变。耕地食物热量增幅较大的省份集中在东北和西北。口粮、玉米和大豆生产集中在东北和黄淮海;油料生产集中在黄河以南长江以北地区,内蒙古油料生产优势凸显;蔬果生产集中在黄淮海、两广等地区,西北蔬果生产增速明显。

不同阶段引起耕地食物热量变化的主要食物类型有差异。口粮是引起1978~1998年、1998~2003年耕地食物热量变化的主要食物类型,影响程度分别为46.31%和-66.84%。玉米对2003~2016年耕地食物热量增加的影响最大,为56.41%。蔬果则是2016~2020年耕地食物热量增加的主要食物类型,影响程度为28.3%。

"非粮化"抑制了耕地食物热量增长。就全国而言,1978~1998年、1998~2003年和2016~2020年,"非粮化"分别在14.63%、73.30%和-49.36%的程度上抑制了耕地食物热量增长。1978~1998年,受到"非粮化"影响的省份集中在东南沿海和长江流域。1998~2003年,除江西外的省份均受到"非粮化"影响。2003~2016年,受到"非粮化"影响的省份集中在东南沿海、西南和西北地区。2016~2020年,除天津、内蒙古、吉林、黑龙江、浙江、山东外,其余省份均受到"非粮化"影响,其中,上海、江西、海南和贵州的"非粮化"是耕地食物热量供给减少的主要原因。

第四章
中国耕地食物产值变化与结构特征

第一节 引　　言

　　食物安全一直是全球关注的一个重要议题（Godfray et al.，2010；FAO et al.，2013）。增加农业投入，提高农业生产力，是保障全球食物安全的重要举措（FAO，2012）。耕地作为农业生产过程中最基本的不可替代的劳动对象、生产资料和空间场所（杜国明和刘彦随，2013），对于约占全球总人口1/5且社会经济持续发展的中国而言，其在保障食物安全方面被给予了更多的关注（OECD和FAO，2013）。相关国际（区域）组织和机构对中国耕地产出的研究集中在粮食生产方面（OECD和FAO，2013；Royal Society，2009）；而中国学者倾向于研究耕地利用变化及其对粮食产能的影响（朱会义等，2007；宋小青和欧阳竹，2012；邹金浪和杨子生，2013）。新时期，中国政府在重视粮食安全的同时，也开始将农民增收提上国家发展议程，在保障粮食安全的目标下，实施农业结构调整，开展多种经营，促进农民增收。此时，蔬菜、棉花等经济作物生产格局的研究开始出现（黄季焜等，2007；钟甫宁和胡雪梅，2008；黄海平等，2010）。

　　发达国家的农地（耕地）利用历史表明，在经济社会发展进入工业化、城镇化之后，往往伴随着农地利用的专业化过程，区域农业（种植业）专业化特征明显（Shen，2010），例如美国就已形成明显群聚特色的玉米带、棉花带。当前，中国的工业化和城镇化进程加速推进，在这过程中，中国农地利用专业化或者农业专业化演化过程如何？不同作物与区域有何差异？这些信息却不明朗。尽管20世纪80年代就有学者关注中国农业专业化问题，但这方面的研究停留在理论探索（吴传钧，1987；姚寿福，2011）和个案分析（李永实，2007；杨雪和谈明洪；2014）层面，很少涉及全国层面的农业专业化或者农地利用专业化问题。可见，中国农地（耕地）利用专业化的系统研究还需进一步深入。

产出结构特征是耕地利用专业化最为直观的表现，剖析耕地利用产出的结构特征有利于把握耕地利用专业化的演变趋势。其中，产量和价格对耕地利用专业化进程的作用需要重点考量，因为产量是粮食安全的重要表现，而价格可以较好地反映农民收入状况。2004年至今，是中央政府连续高度关注"三农"发展的重要时期，同时也是自改革开放以来粮食连年增产稳产时间最长的时期，探讨该时段内中国耕地利用专业化问题具有重要价值。将系统分析2004年以来中国耕地利用产出的结构特征，一是明晰中国耕地利用产出格局，即不同农作物产值分配格局；二是揭示中国主要农作物产值的变化趋势及区域差异；三是确定产量与价格对农作物产值变化的影响程度，以期为掌握中国耕地利用专业化的发展态势，为协调不同地区的农业发展、制定食物安全/粮食安全政策以及推动耕地可持续管理提供参考。

第二节 数据来源与研究方法

一、数据来源

所需数据，即谷物、薯类、豆类、纤维、糖料、油料和蔬菜7种农作物的产量和产值以及农业产值指数均来源于《中国农村统计年鉴》。利用国家基础地理信息中心提供的行政区划空间数据，基于ArcGIS软件平台建立了空间分析数据库。此外，为消除年际间物价上涨与通货膨胀的影响，产值数据以2004年为基准年，利用农业产值指数进行了修正。

二、耕地利用产出结构划分标准

耕地是种植农作物的土地，基于《粮农组织统计年鉴》《中国农村统计年鉴》和《全国农产品成本收益资料汇编》对农作物的统计目录，确定了中国耕地利用过程中农作物的种类，即谷物、薯类、豆类、纤维、糖料、油料和蔬菜7种作物。

采用耕地利用产出中产值最大农作物的种类来命名耕地产出类型，例如谷物主导型。若其他农作物的产值大于等于产出最大农作物产值的90%，可认为这几种农作物的产值相当，此时称耕地利用产出类型为"产值最大的农作物－产值第二大农作物……其他农作物"主导型。例如，某省份产值最大的农作物为谷物，其产值为100；产值第二大的农作物为蔬菜，其产值为95；产值第三大的农作物为纤维，其产值为90，由于100×90%≤90＜95，那么称该省份的耕地利用产出类型为谷物—蔬菜—纤维主导型。

三、产出变化影响类型划分方法

弹性系数是指一定时期内相互联系的两个经济指标增长速度的比率（邹健和龙花楼，2009）。农作物产量和市场价格同时作用于农作物产值，因而借鉴弹性系数来衡量产量和价格的变化幅度对农作物产值变化幅度的依存关系，以确定两者对农作物产值变化的影响程度。公式如下：

$$OC_{ij} = \frac{(O_{ij} - O_{i0})/O_{i0}}{(V_{ij} - V_{i0})/V_{i0}}, \quad PC_{ij} = \frac{(P_{ij} - P_{i0})/P_{i0}}{(V_{ij} - V_{i0})/V_{i0}} \quad (4-1)$$

式中，OC_{ij}、PC_{ij}分别为i区域j年份的总产量弹性系数和价格弹性系数；O_{ij}、P_{ij}和V_{ij}分别为i区域j年份总产量、价格和产值；O_{i0}、P_{i0}和V_{i0}分别为i区域基期年的总产量、价格和产值。

农作物产值增长时，农作物产值受MAX（OC_{ij}，PC_{ij}）的正面影响最大：（1）当$OC_{ij}>PC_{ij}>0$时，农作物产值增长的原因为总产量增加主导型；（2）当$PC_{ij}>OC_{ij}>0$时，农作物产值增长的原因为价格上升主导型；（3）当$PC_{ij}=OC_{ij}>0$时，农作物产值增长的原因为总产量增加－价格上升型；（4）当$OC_{ij}>0>PC_{ij}$时，农作物产值增长的原因为总产量增加单一型；（5）当$PC_{ij}>0>OC_{ij}$时，农作物产值增长的原因为价格上升单一型。

农作物产值减少时，农作物产值受MAX（OC_{ij}，PC_{ij}）的负面影响最大：（1）当$OC_{ij}>PC_{ij}>0$时，农作物产值减少的原因为总产量减少主导型；（2）当

$PC_{ij} > OC_{ij} > 0$ 时,农作物产值减少的原因为价格下降主导型;(3)当 $PC_{ij} = OC_{ij} > 0$ 时,农作物产值减少的原因为总产量减少 – 价格下降型;(4)当 $OC_{ij} > 0 > PC_{ij}$ 时,农作物产值减少的原因为总产量减少单一型;(5)当 $PC_{ij} > 0 > OC_{ij}$ 时,农作物产值减少的原因为价格下降单一型。

第三节 中国耕地食物产值结构

耕地利用产出结构,即耕地利用产出中各种农作物产值比重。2012 年中国耕地利用产出最大的农作物是蔬菜,产值比重达到了 44.87%(见图 4 – 1)。谷物为中国第二大耕地产出作物,产值比重为 36.86%。薯类、豆类、油料、纤维和糖料 5 种农作物的总产值比重不足 20%,其中糖料的产值比重最低,仅为 1.90%。

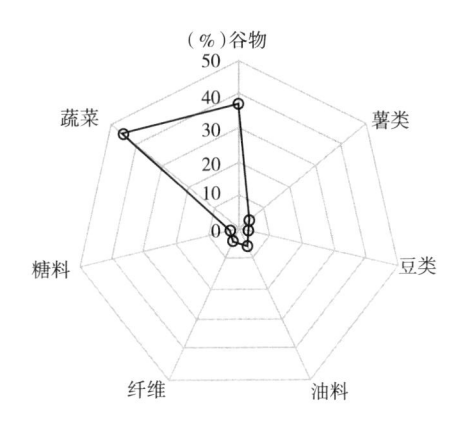

图 4 – 1 2012 年中国农作物产值比重

2021 年,中国耕地利用产出最大的农作物是蔬菜,产值比重达到 55.20%(见图 4 – 2)。谷物为中国第二大耕地产出作物,产值比重为 31.65%。薯类、豆类、油料、纤维和糖料 5 种农作物的总产值比重不足 20%,其中糖料的产值比重最低,仅为 1.20%。可见,经济收益更高的蔬菜和传统种植的谷物成为当今中国耕地利用产出的主体。

2004 年以来,中国耕地利用产出中的谷物产量持续增长,然而,谷物的产值在 2004~2006 年基本处于停顿状态,2006~2013 年才出现了较快的增

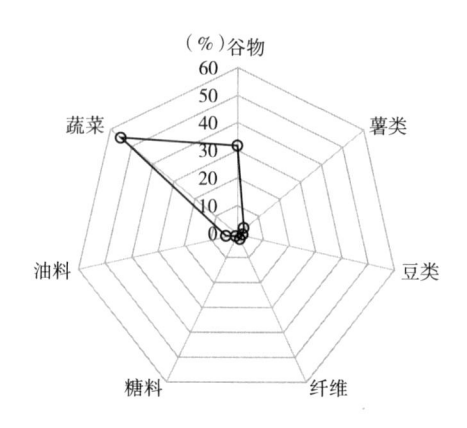

图 4-2 2021 年中国农作物产值比重

长，随后呈现出波动下降的趋势（见表 4-1）。谷物的产值从 2004 年的 64.19×10^{10} 元增加到 2013 年的 96.21×10^{10} 元，增幅为 49.87%。从整体看，谷物的产值从 2004 年的 64.19×10^{10} 元增加到 2021 年的 83.40×10^{10} 元，增幅为 29.93%，总体呈现出波动上升趋势。

表 4-1　　　　2004~2021 年中国主要农作物产值　　　　单位：10^{10} 元

时间	谷物	油料	纤维	蔬菜
2004 年	64.19	9.96	8.76	52.60
2005 年	63.89	9.20	8.44	57.94
2006 年	64.20	9.00	9.27	62.13
2007 年	69.03	10.76	10.93	69.28
2008 年	74.94	13.10	9.23	76.18
2009 年	75.54	11.33	8.73	86.06
2010 年	81.46	12.53	12.43	101.11
2011 年	88.58	13.86	11.55	103.65
2012 年	93.69	15.37	10.38	114.05
2013 年	96.21	15.39	9.57	125.24
2014 年	95.21	14.17	8.44	130.23
2015 年	87.12	13.37	6.39	139.62

续表

时间	谷物	油料	纤维	蔬菜
2016 年	79.11	12.43	5.48	143.41
2017 年	82.94	10.89	4.57	121.25
2018 年	79.09	10.56	4.40	127.25
2019 年	76.62	10.97	4.04	131.59
2020 年	79.92	11.59	4.13	137.75
2021 年	83.40	11.29	6.32	145.49

中国蔬菜产值的增长速度远远高于谷物产值的增长速度，蔬菜产值从 2004 年的 52.60×10^{10} 元增加到 2012 年的 114.05×10^{10} 元，再波动增加到 2021 年的 145.49×10^{10} 元（见表 4-1），2004~2021 年的增幅是谷物增幅的 5.9 倍。从 2007 年开始，中国蔬菜产值超过了谷物产值，并且两者之间的差距有进一步扩大的趋势。这说明了中国耕地利用产出格局已发生了显著的变化，即耕地利用产出最大的农作物从谷物转向蔬菜。

尽管 2004~2021 年油料产值的增幅达到了 13.33%，但其产值仍然不高，2021 年油料的产值为 11.29×10^{10} 元。然而，相较于谷物、蔬菜和油料 3 种作物，中国纤维的产值出现了负增长，从 2004 年的 8.76×10^{10} 元减少至 2021 年的 6.32×10^{10} 元，下降了 27.85%。

图 4-3 反映了 2004~2012 年中国耕地利用产出中主要农作物产值受其

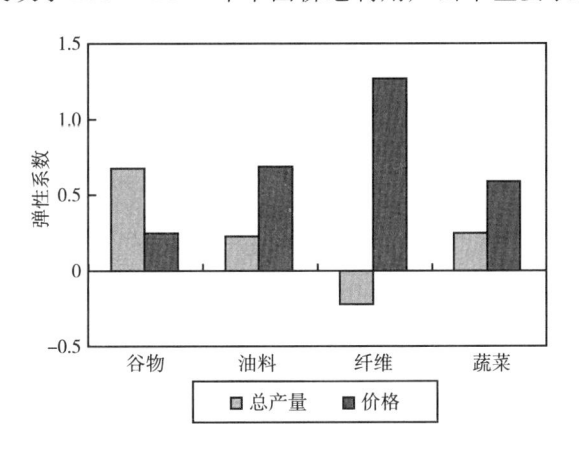

图 4-3 2004~2012 年中国主要农作物的总产量和价格的弹性系数

产量和价格的影响程度。尽管总产量增加与价格上升都对谷物、油料和蔬菜3种作物产值的增长起到了促进作用,但影响程度存在差别。中国谷物产值增长的主要原因是总产量增加(总产量弹性系数 $OC=0.68$ 大于价格弹性系数 $PC=0.25$),而油料和蔬菜2种农作物产值增长的主要动因为价格上升,其中价格上升对油料产值增长的推动作用更大(油料的 $PC/OC=3.11$ 大于蔬菜的 $PC/OC=2.38$)。纤维的总产量弹性系数为负值,$OC=-0.22$;而价格弹性系数为正值,$PC=1.27$,这表明尽管纤维在2004~2012年的总产量减少,但其价格上升,这也最终推动了纤维产值的增长。

图4-4反映了2004~2021年中国耕地利用产出中主要农作物产值受其产量和价格影响的程度。尽管总产量增加与价格上升都对纤维和蔬菜2种作物产值的增长起到了促进作用,但影响程度存在差别。中国纤维产值增长的主要原因是价格上升(价格弹性系数 PC = 0.73 > 总产量弹性系数 OC = 0.37),同理,蔬菜作物产值增长的主要动因为价格上升,其中价格上升对蔬菜产值增长的推动作用更大(蔬菜的 PC/OC = 2.39 > 纤维的 PC/OC = 1.97)。谷物和油料2种农作物的价格弹性系数为负值,PC 分别为 -0.52 和 -0.29;而总产量弹性系数为正值,OC 分别为1.80和1.34。这表明谷物在2004~2021年的价格减少,但其总产量上升,最终推动了谷物产值的增长;但油料总产量增长的比重小于其价格下降的比重,最终导致油料农作物产值的减少。

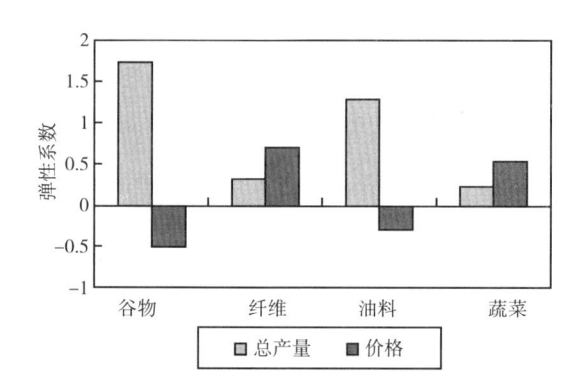

图4-4 2004~2021年中国主要农作物的总产量和价格的弹性系数

第四节 中国耕地食物产值结构的空间差异

中国省域耕地利用产出结构有所不同，然而绝大多数省份耕地利用产出以谷物和蔬菜为主（见表4-2）。2004年，中国耕地利用产出类型为蔬菜主导型的省份主要分布在东部地区，耕地产出属于谷物主导型的省份集中在粮食主产区和西南地区，而新疆为纤维主导型省份，青海是油料主导型省份，甘肃属于谷物—蔬菜主导型省份。到2021年，耕地利用产出属于蔬菜主导型的省份由东部地区扩大到内陆区域，致使大部分原属于谷物主导型的省份转变为蔬菜主导型。

表4-2　2004年、2012年、2021年中国耕地利用产出类型

省份	2004年	2012年	2021年
北京	蔬菜主导型	蔬菜主导型	蔬菜主导型
天津	蔬菜主导型	蔬菜主导型	蔬菜主导型
河北	蔬菜主导型	蔬菜主导型	蔬菜主导型
山西	谷物主导型	谷物主导型	谷物主导型
内蒙古	谷物主导型	谷物主导型	谷物主导型
辽宁	谷物主导型	谷物—蔬菜主导型	蔬菜主导型
吉林	谷物主导型	谷物主导型	谷物主导型
黑龙江	谷物主导型	谷物主导型	谷物主导型
上海	蔬菜主导型	蔬菜主导型	蔬菜主导型
江苏	谷物主导型	蔬菜主导型	蔬菜主导型
浙江	蔬菜主导型	蔬菜主导型	蔬菜主导型
安徽	谷物主导型	谷物主导型	谷物主导型
福建	蔬菜主导型	蔬菜主导型	蔬菜主导型
江西	谷物主导型	谷物主导型	蔬菜主导型
山东	蔬菜主导型	蔬菜主导型	蔬菜主导型
河南	谷物主导型	蔬菜主导型	蔬菜主导型
湖北	谷物主导型	蔬菜主导型	蔬菜主导型
湖南	谷物主导型	蔬菜主导型	蔬菜主导型

续表

省份	2004 年	2012 年	2021 年
广东	蔬菜主导型	蔬菜主导型	蔬菜主导型
广西	谷物主导型	蔬菜主导型	蔬菜主导型
海南	蔬菜主导型	蔬菜主导型	蔬菜主导型
重庆	谷物主导型	蔬菜主导型	蔬菜主导型
四川	谷物主导型	蔬菜主导型	蔬菜主导型
贵州	谷物主导型	蔬菜主导型	蔬菜主导型
云南	谷物主导型	谷物—蔬菜主导型	蔬菜主导型
西藏	谷物主导型	谷物主导型	谷物主导型
陕西	谷物主导型	蔬菜主导型	蔬菜主导型
甘肃	谷物—蔬菜主导型	蔬菜主导型	蔬菜主导型
青海	油料主导型	蔬菜主导型	蔬菜主导型
宁夏	谷物主导型	蔬菜—谷物主导型	蔬菜主导型
新疆	纤维主导型	纤维主导型	纤维主导型

谷物主导型的省份数量由 2004 年的 19 个锐减到 2012 年的 7 个直至 2021 年的 6 个，这 6 个省份集中在粮食主产区，包括长城以北的内蒙古、黑龙江和吉林，中部的安徽，另外 2 个属于谷物主导型的省份为山西和西藏，而江西从 2012 年的谷物主导型转为 2021 年的蔬菜主导型。无论是 2004 年还是 2021 年，新疆的耕地利用产出类型始终属于纤维主导型。而东北的辽宁和西南的云南均从 2012 年的谷物—蔬菜主导型转变为 2021 年的蔬菜主导型。2012 年宁夏新增了一种耕地利用产出类型，即蔬菜—谷物主导型，在 2021 年转变为蔬菜主导型。2004 年青海出现的油料主导型的耕地利用产出类型并没有在 2012 年出现。

2004~2021 年中国谷物、油料、纤维和蔬菜 4 种主要农作物产值变化比例如表 4-3 所示。除浙江、福建、广东、广西、海南、重庆、贵州、云南、陕西等 9 个省份谷物产值减少，其余省份谷物产值均增长，其中有 9 个省份谷物产值增幅在 50% 以上。天津和上海的谷物产值小，然其增幅明显，分别达到了 166.43% 和 130.72%；包括内蒙古在内的东北地区均发生了不同程度的增长，其中内蒙古和黑龙江谷物产值增幅分别高达 213.52% 和 217.75%。北京、吉林、辽宁、黑龙江、江西、河南、湖北、湖南、四川、青海、新疆等省份在2004～2012年谷物产值呈现出增长；2012～2021年呈现出负增长；2004～2021年总体呈现出不同程度的正增长。2004～2021年，中国谷物产值变化的空间格局基本表现为以东北为高值区的北方向以东南沿海和西南为低值区的南方递减。

表4-3　2004年、2012年、2021年3个时段中国谷物农作物产值变化　　单位：%

省份	2004～2012年	2012～2021年	2004～2021年
北京	109.12	-37.59	30.51
天津	105.82	29.45	166.43
河北	34.96	3.04	39.06
山西	54.59	1.23	56.49
内蒙古	128.26	37.35	213.52
辽宁	78.58	-24.72	34.44
吉林	70.74	-26.59	25.34
黑龙江	220.78	-0.94	217.75
上海	93.61	19.16	130.72
江苏	51.59	5.62	60.11
浙江	17.57	-21.78	-8.05
安徽	48.62	1.63	51.05
福建	-6.32	-35.19	-39.28
江西	52.35	-23.15	17.08
山东	33.88	1.67	36.12
河南	25.90	-6.80	17.33
湖北	38.26	-10.30	24.01
湖南	36.14	-22.03	6.15
广东	19.84	-25.59	-10.83
广西	17.18	-29.58	-17.48
海南	6.14	-39.51	-35.79
重庆	0.37	-11.81	-11.48
四川	25.53	-19.21	1.42
贵州	9.71	-47.46	-42.36
云南	6.87	-22.20	-16.86
西藏	2.33	54.04	57.63

续表

省份	2004~2012年	2012~2021年	2004~2021年
陕西	12.25	-24.13	-14.83
甘肃	48.26	-18.93	20.19
青海	93.05	-0.75	91.61
宁夏	9.56	-11.64	-3.19
新疆	27.85	-14.34	9.51

表4-4为2004年、2012年、2021年中国油料农作物产值变化比例。2004~2021年，中国油料产值增幅最大的省份集中在西南和东北地区，湖南油料产值的增幅同样明显，为158.43%；而油料产值减幅最大的省份为天津和上海，分别为80.65%、75.76%。天津、黑龙江、江苏等省份在2004~2012年、2012~2021年油料产值均产生了不同程度的减少。中国油料产值变化在空间上形成了以"胡焕庸线"东南部区域高低交错、西北部区域基本相当的分布格局。

表4-4　2004年、2012年、2021年个时段中国油料农作物产值变化　　单位:%

省份	2004~2012年	2012~2021年	2004~2021年
北京	5.27	-48.86	-46.16
天津	-22.49	-75.03	-80.65
河北	27.99	-43.80	-28.07
山西	-4.79	-38.33	-41.29
内蒙古	39.44	22.57	70.92
辽宁	180.96	-41.20	65.20
吉林	215.72	-39.42	91.25
黑龙江	-35.93	-48.16	-66.78
上海	-61.73	-36.65	-75.76
江苏	-5.70	-33.63	-37.41
浙江	22.61	11.99	37.31
安徽	0.87	-31.21	-30.61
福建	69.27	-29.06	20.09
江西	73.69	-2.86	68.73
山东	27.40	-52.62	-39.64

续表

省份	2004~2012年	2012~2021年	2004~2021年
河南	78.12	-25.14	33.34
湖北	55.72	-24.45	17.64
湖南	168.00	-3.57	158.43
广东	97.75	0.87	99.48
广西	31.04	19.94	57.18
海南	5.65	-33.53	-29.78
重庆	84.44	-13.35	59.82
四川	136.96	-29.62	66.78
贵州	41.89	-39.99	-14.86
云南	124.89	-37.54	40.46
西藏	26.37	-0.09	26.26
陕西	95.82	-25.91	45.08
甘肃	37.84	-36.19	-12.05
青海	28.19	-33.48	-14.73
宁夏	31.52	-65.48	-54.60
新疆	20.61	-11.85	6.32

表4-5为2004年、2012年、2021年中国纤维农作物产值变化比例。中国大部分省份的纤维产值在2004~2012年减少，集中分布在除西北以外的广大北方地区；2004~2021年，除了广西、新疆等省份纤维产值有所增加，其余省份均产生不同的程度的减少。其中，北京、内蒙古、辽宁、陕西等省份在2004~2012年纤维有产值，2012~2021年纤维产值逐渐降低为0。

表4-5　2004年、2012年、2021年3个时段中国纤维农作物产值变化　　单位：%

省份	2004~2012年	2012~2021年	2004~2021年
北京	-95.61	-100.00	-100.00
天津	-22.94	-95.18	-96.29
河北	-8.00	-74.04	-76.11
山西	-79.87	-95.96	-99.19
内蒙古	-51.05	-100.00	-100.00
辽宁	-85.78	-100.00	-100.00

续表

省份	2004~2012年	2012~2021年	2004~2021年
吉林	—	-100.00	—
黑龙江	—	—	—
上海	73.13	-100.00	-100.00
江苏	-2.02	-98.07	-98.11
浙江	42.89	-85.37	-79.09
安徽	-1.76	-93.53	-93.64
福建	—	—	—
江西	-27.94	-93.41	-95.25
山东	2.61	-96.14	-96.04
河南	-52.02	-98.92	-99.48
湖北	105.72	-86.48	-72.20
湖南	42.56	-92.42	-89.20
广东	—	—	—
广西	31.04	20.57	57.99
海南	—	—	—
重庆	—	—	—
四川	-72.97	-96.65	-99.09
贵州	188.73	-74.72	-27.02
云南	—	-100.00	—
西藏	—	—	—
陕西	-46.38	-100.00	-100.00
甘肃	25.85	-83.61	-79.38
青海	—	—	—
宁夏	—	—	—
新疆	58.15	21.74	92.53

注:"—"表示数据缺失。

表4-6为2004年、2012年、2021年中国蔬菜农作物产值变化比例。2004~2021年中国各省份的蔬菜产值均表现出较大幅度的增长,其中增幅最大的省份为青海,达到了469.46%;其次为黑龙江,其增幅为442.51%。山西、黑龙江、江苏、安徽、湖北、湖南、广西、重庆、四川、云南、陕

西、宁夏等省份的蔬菜增幅在 200%~300%；长江以北省份的蔬菜产值增幅大多在 50%~100% 的范围。

表 4-6　2004 年、2012 年、2021 年 3 个时段中国蔬菜农作物产值变化　　单位：%

省份	2004~2012 年	2012~2021 年	2004~2021 年
北京	16.70	43.90	67.93
天津	73.34	-3.44	67.38
河北	132.86	-17.16	92.91
山西	193.58	7.17	214.63
内蒙古	146.40	-17.06	104.35
辽宁	104.13	40.72	187.24
吉林	158.55	-36.41	64.42
黑龙江	270.11	46.58	442.51
上海	62.83	27.43	107.49
江苏	170.46	31.73	256.27
浙江	81.01	19.47	116.27
安徽	127.21	51.29	243.75
福建	95.82	12.44	120.18
江西	83.41	56.90	187.78
山东	40.61	27.71	79.57
河南	100.40	22.98	146.46
湖北	147.46	32.60	228.13
湖南	218.51	11.47	255.03
广东	96.04	24.75	144.56
广西	149.87	75.24	337.86
海南	97.51	-0.80	95.92
重庆	195.39	53.17	352.46
四川	204.24	39.06	323.07
贵州	269.97	113.39	689.49
云南	79.67	112.71	282.17
西藏	74.07	191.13	406.76
陕西	179.91	56.04	336.78
甘肃	85.28	23.06	128.01

续表

省份	2004~2012年	2012~2021年	2004~2021年
青海	358.16	24.29	469.46
宁夏	246.65	41.85	391.72
新疆	108.87	35.00	181.99

表4-7为2004~2021年中国谷物农作物产值变化的影响因素类型。2004~2021年，中国谷物产值变化主要受总产量影响的省份有21个，而主要受价格影响的省份有9个，广东、广西、海南、重庆、贵州、云南、陕西、宁夏的谷物产值逐渐减少。2004~2012年，尽管福建谷物价格上升，然其总产量大幅减少，这是其成为中国谷物产值唯一减少省份的原因。与此相对应的是，浙江、重庆和贵州的谷物总产量减少，然其价格上涨，成为这3个省份谷物产值增长的动因。中国谷物产值增长的影响因素类型为总产量增加主导型的省份集中在黄河以北和长江中游的湖北、江西和安徽。谷物产值增长的影响因素类型属于总产量增加单一型的省份集中在第二欧亚大陆桥沿途省份以及云南和西藏。2012~2021年，多数省份谷物产值减少，主要受价格下降的影响，仅北京和海南是受产量减少的影响。

表4-7 2004年、2012年、2021年中国谷物农作物产值变化影响类型

省份	2004~2012年	2012~2021年	2004~2021年
北京	总产量增加主导型	总产量减少单一型	价格上升单一型
天津	价格上升主导型	总产量增加单一型	总产量增加主导型
河北	总产量增加主导型	总产量增加单一型	总产量增加单一型
山西	总产量增加主导型	总产量增加单一型	总产量增加主导型
内蒙古	总产量增加主导型	总产量增加单一型	总产量增加主导型
辽宁	价格上升主导型	价格下降单一型	总产量增加单一型
吉林	总产量增加主导型	价格下降单一型	总产量增加单一型
黑龙江	总产量增加主导型	价格下降单一型	总产量增加单一型
上海	价格上升主导型	价格上升单一型	价格上升单一型
江苏	价格上升主导型	总产量增加单一型	总产量增加主导型
浙江	价格上升单一型	总产量增加主导型	总产量增加单一型
安徽	总产量增加主导型	总产量增加单一型	总产量增加单一型

续表

省份	2004~2012年	2012~2021年	2004~2021年
福建	总产量减少单一型	总产量减少单一型	总产量减少主导型
江西	总产量增加主导型	价格下降主导型	总产量增加单一型
山东	总产量增加单一型	总产量增加单一型	总产量增加单一型
河南	总产量增加单一型	价格下降单一型	总产量增加单一型
湖北	总产量增加主导型	价格下降单一型	总产量增加单一型
湖南	价格上升主导型	价格下降单一型	总产量增加单一型
广东	价格上升主导型	价格下降主导型	价格下降主导型
广西	价格上升主导型	价格下降主导型	价格下降单一型
海南	总产量增加单一型	总产量减少主导型	价格下降主导型
重庆	价格上升单一型	价格下降主导型	总产量减少主导型
四川	价格上升主导型	价格下降单一型	总产量增加单一型
贵州	价格上升单一型	价格下降主导型	价格下降主导型
云南	总产量增加单一型	价格下降单一型	价格下降单一型
西藏	总产量增加单一型	价格下降主导型	价格上升主导型
陕西	总产量增加单一型	价格下降单一型	价格下降单一型
甘肃	总产量增加单一型	价格下降单一型	总产量增加单一型
青海	价格上升主导型	价格下降单一型	总产量增加主导型
宁夏	总产量增加单一型	价格下降单一型	价格下降单一型
新疆	总产量增加单一型	价格下降单一型	总产量增加单一型

表4-8为2004~2021年中国油料农作物产值变化的影响因素类型。2004~2021年，大部分省份的油料产值主要受总产量的影响，甘肃、青海、贵州的油料产值为价格下降单一型，油料的价格持续上涨，然而总产量持续下降，成为这3个省份油料产值减少的动因。2004~2012年，中国各省域油料产值减少的原因均为总产量的下降。尽管广西、安徽、浙江以及北部沿海地区的油料总产量下降，但是其价格上涨，这成为推动这些省份油料产值增长的原因。北方省份内蒙古、甘肃和新疆以及海南油料产值增长的影响因素类型为总产量增加单一型。青藏区、云南、江西、河南、吉林、辽宁和宁夏油料产值增长的影响因素类型属于总产量增加主导型。东南沿海及其西北方向的区域油料产值增长的影响因素类型为价格上升主导型。2012~2021年，

包括内蒙古在内的 10 个省份油料产值减少的原因为总产量的减少，辽宁、吉林等 16 个省份油料产值减少的原因为价格下降。

表 4-8　2004 年、2012 年、2021 年中国油料农作物产值变化影响类型

省份	2004~2012 年	2012~2021 年	2004~2021 年
北京	价格上升单一型	总产量增加单一型	总产量减少单一型
天津	总产量减少单一型	价格下降主导型	总产量减少主导型
河北	价格上升单一型	价格上升主导型	总产量减少主导型
山西	总产量减少单一型	价格下降主导型	总产量减少单一型
内蒙古	总产量增加单一型	总产量减少单一型	总产量增加单一型
辽宁	总产量增加主导型	价格下降主导型	总产量增加单一型
吉林	总产量增加主导型	价格下降单一型	总产量增加单一型
黑龙江	总产量减少单一型	总产量减少主导型	总产量减少单一型
上海	总产量减少单一型	总产量减少单一型	总产量减少单一型
江苏	总产量减少单一型	总产量减少主导型	总产量减少单一型
浙江	价格上升单一型	价格上升单一型	价格上升单一型
安徽	价格上升单一型	总产量减少主导型	总产量减少单一型
福建	价格上升主导型	总产量减少主导型	价格上升单一型
江西	总产量增加主导型	价格下降单一型	总产量增加单一型
山东	价格上升单一型	价格下降主导型	总产量减少主导型
河南	总产量增加主导型	价格下降单一型	总产量增加单一型
湖北	价格上升主导型	价格下降单一型	总产量增加主导型
湖南	价格上升主导型	价格下降单一型	总产量增加主导型
广东	价格上升主导型	总产量增加单一型	总产量增加主导型
广西	价格上升单一型	总产量增加单一型	总产量增加主导型
海南	总产量增加单一型	总产量减少主导型	总产量减少主导型
重庆	价格上升主导型	价格下降单一型	总产量增加单一型
四川	价格上升主导型	价格下降单一型	总产量增加单一型
贵州	价格上升主导型	价格下降单一型	价格下降单一型
云南	总产量增加主导型	价格下降单一型	总产量增加单一型
西藏	总产量增加主导型	总产量减少单一型	价格上升单一型
陕西	价格上升主导型	价格下降主导型	总产量增加主导型

续表

省份	2004~2012年	2012~2021年	2004~2021年
甘肃	总产量增加单一型	价格下降主导型	价格下降单一型
青海	总产量增加主导型	价格下降主导型	价格下降单一型
宁夏	总产量增加主导型	总产量减少单一型	总产量减少主导型
新疆	总产量增加单一型	总产量减少单一型	价格上升单一型

表4-9为2004~2021年中国纤维农作物产值变化影响类型。2004~2021年，除广西、新疆外，其他省份的纤维产值均下降，主要受价格减少的影响。2004~2012年，湖北纤维产值增长的影响因素类型为价格上升主导型，而贵州、湖南和浙江纤维产值增长的影响因素类型为总产量增加主导型。新疆和广西纤维产值增长的影响因素类型为总产量增加单一型。山西纤维产值减少的影响因素类型为总产量减少主导型，影响因素类型属于价格下降主导型的省份为山东、江西、四川、甘肃和陕西。纤维产值减少的影响因素类型为总产量减少单一型的省份包括内蒙古、河北、辽宁以及淮河流域省份。2012~2021年，北京、内蒙古、上海、湖南的油料产值由主要受总产量影响转变为主要受价格影响；新疆的纤维产值变化影响类型在2004~2012年、2012~2021年均为总产量增加单一型。

表4-9 2004年、2012年、2021年中国纤维农作物产值变化影响类型

省份	2004~2012年	2012~2021年	2004~2021年
北京	总产量减少单一型	价格下降主导型	价格下降主导型
天津	总产量减少单一型	总产量减少主导型	总产量减少单一型
河北	总产量减少单一型	总产量减少主导型	总产量减少主导型
山西	总产量减少主导型	总产量减少单一型	总产量减少单一型
内蒙古	总产量减少单一型	价格下降主导型	价格下降主导型
辽宁	总产量减少单一型	—	—
吉林	—	—	—
黑龙江	—	—	—
上海	总产量增加单一型	价格下降主导型	—
江苏	总产量减少单一型	总产量减少主导型	总产量减少单一型
浙江	总产量增加主导型	总产量减少主导型	总产量减少主导型

续表

省份	2004~2012年	2012~2021年	2004~2021年
安徽	总产量减少单一型	总产量减少主导型	总产量减少主导型
福建	—	—	—
江西	价格降低单一型	总产量减少主导型	总产量减少主导型
山东	价格上升单一型	价格下降主导型	总产量减少主导型
河南	总产量减少单一型	总产量减少主导型	总产量减少主导型
湖北	价格上升主导型	总产量减少主导型	总产量减少单一型
湖南	总产量增加主导型	价格下降主导型	价格下降主导型
广东	—	—	—
广西	总产量增加单一型	价格上升单一型	总产量增加主导型
海南	—	—	—
重庆	—	—	—
四川	价格降低单一型	总产量减少主导型	总产量减少主导型
贵州	总产量增加主导型	总产量减少主导型	总产量减少单一型
云南	—	—	—
西藏	—	—	—
陕西	价格降低主导型	价格下降主导型	价格下降主导型
甘肃	价格上升单一型	总产量减少主导型	总产量减少主导型
青海	—	—	—
宁夏	—	—	—
新疆	总产量增加单一型	总产量增加单一型	总产量增加单一型

注："—"表示数据缺失。

表4-10为2004~2021年中国蔬菜农作物产值变化影响类型。2004~2021年，中国各省域蔬菜产值均增加，多数省份主要受价格上升的影响。2004~2012年，中国蔬菜产值增长的影响因素类型为价格上升主导型的省份集中在"胡焕庸线"东南部地区，四川和青海2个省份蔬菜产值增长的影响因素类型同样为价格上升主导型。西藏蔬菜价格下降、总产量增加，仍然促进了产值的增长。相对应的是，黑龙江蔬菜总产量减少、价格上涨，这同样推动了产值的增长。处于中国地势第二阶梯大部分省份的蔬菜产值增长的影响因素类型为总产量增加主导型。2012~2021年，天津、河北、吉林的蔬菜

产值减少主要受价格降低的影响，而海南的蔬菜产值减少主要为总产量减少的原因。

表 4–10　2004 年、2012 年、2021 年中国蔬菜农作物产值变化影响类型

省份	2004~2012 年	2012~2021 年	2004~2021 年
北京	价格上升单一型	价格上升单一型	价格上升单一型
天津	价格上升单一型	总产量减少单一型	价格上升单一型
河北	价格上升主导型	总产量减少单一型	价格上升单一型
山西	价格上升主导型	价格上升单一型	价格上升主导型
内蒙古	总产量增加主导型	总产量增加单一型	价格上升主导型
辽宁	总产量增加主导型	价格上升单一型	价格上升主导型
吉林	价格上升主导型	总产量减少单一型	价格上升单一型
黑龙江	价格上升单一型	价格上升单一型	价格上升单一型
上海	价格上升单一型	价格上升单一型	价格上升单一型
江苏	价格上升主导型	总产量增加主导型	价格上升主导型
浙江	价格上升主导型	价格上升主导型	价格上升主导型
安徽	价格上升主导型	价格上升主导型	价格上升主导型
福建	价格上升主导型	价格上升主导型	价格上升主导型
江西	价格上升主导型	总产量增加主导型	价格上升主导型
山东	价格上升主导型	价格上升单一型	价格上升单一型
河南	价格上升主导型	价格上升主导型	价格上升主导型
湖北	价格上升主导型	总产量增加主导型	价格上升主导型
湖南	价格上升主导型	总产量增加单一型	价格上升主导型
广东	价格上升主导型	总产量增加单一型	价格上升主导型
广西	价格上升主导型	总产量增加主导型	价格上升主导型
海南	总产量增加主导型	价格下降单一型	总产量增加主导型
重庆	总产量增加主导型	总产量增加主导型	总产量增加主导型
四川	价格上升主导型	价格上升主导型	价格上升主导型
贵州	价格上升主导型	总产量增加单一型	总产量增加主导型
云南	总产量增加主导型	总产量增加主导型	总产量增加主导型
西藏	总产量增加单一型	总产量增加主导型	总产量增加主导型
陕西	总产量增加主导型	总产量增加主导型	总产量增加主导型
甘肃	总产量增加主导型	总产量增加主导型	总产量增加主导型

续表

省份	2004~2012 年	2012~2021 年	2004~2021 年
青海	价格上升主导型	价格上升单一型	价格上升主导型
宁夏	总产量增加主导型	价格上升主导型	总产量增加主导型
新疆	总产量增加主导型	价格上升单一型	总产量增加主导型

表 4-11 为 2021 年中国各省份主要农作物的产值。2021 年，中国谷物产值高值聚集区有 2 个，一个是以河南（707.64×10^{8}元）为高值中心的黄淮海区，另一个是以黑龙江（933.88×10^{8}元）为高值中心的东北区；谷物产值低值区为青藏区，青海的谷物产值最低，仅为 11.31×10^{8}元。总体而言，中国谷物产值由粮食主产区向非粮食主产区递减。"胡焕庸线"西北部地区中国谷物产值由东北向西南方向递减；"胡焕庸线"东南部地区中国谷物产值同样呈现出由东北向西南方向递减的格局。

表 4-11　　2021 年中国各省份主要农作物的产值　　单位：×10^{8}元

省份	谷物	油料	纤维	蔬菜
北京	12.92	0.54	0.00	93.54
天津	47.96	0.12	0.64	80.01
河北	475.85	39.85	23.74	856.32
山西	210.17	4.87	0.11	185.00
内蒙古	473.41	61.36	0.00	127.31
辽宁	321.05	30.40	0.00	579.08
吉林	375.76	24.67	0.00	95.86
黑龙江	933.88	7.44	0.00	334.73
上海	44.07	0.46	0.00	122.84
江苏	760.04	45.00	1.37	1438.62
浙江	118.62	17.44	0.44	530.50
安徽	589.98	66.41	3.97	511.84
福建	69.34	11.89	0.00	481.10
江西	288.26	42.69	0.60	329.79
山东	690.68	77.56	5.99	1332.20
河南	707.64	186.14	0.51	1181.26

续表

省份	谷物	油料	纤维	蔬菜
湖北	393.87	112.35	16.93	912.85
湖南	421.41	100.01	3.46	849.95
广东	193.95	54.66	0.00	910.50
广西	172.80	30.49	0.16	556.52
海南	15.35	2.18	0.00	125.58
重庆	126.40	21.42	0.00	385.49
四川	411.86	120.75	0.05	1056.41
贵州	75.28	17.37	0.07	597.64
云南	153.89	13.62	0.00	406.24
西藏	25.38	2.02	0.00	18.75
陕西	126.39	18.86	0.00	395.72
甘肃	109.49	13.72	3.22	192.67
青海	11.31	7.08	0.00	26.20
宁夏	35.43	1.95	0.00	57.53
新疆	129.87	13.50	420.11	183.29

中国油料产值较高的省份集中在黄淮海地区和两湖地区，四川的油料产值同样较高，为 120.75×10^8 元。中国油料产值最低的三个省份为东部的直辖市，其中天津的油料产值最低，仅为 0.12×10^8 元；而中国油料产值较低的省份集中在青藏区、宁夏等西部地区。

中国纤维产值最高的省份为新疆（420.11×10^8 元）；其次为河北和湖北，纤维产值达到 23.74×10^8 元和 16.93×10^8 元。多数省份产出极少数的纤维产值，包括内蒙古在内的东北地区不进行纤维产值的产出，西藏、青海、宁夏等地区也不进行纤维产值的产出。

中国蔬菜产值较高的省份集中在黄淮海区，其中江苏的蔬菜产值最高，达到 1438.62×10^8 元，山东、河南和四川 3 省份的蔬菜产值均在 1000×10^8 元以上；而产值较低的省份主要分布在青藏区，其中西藏的蔬菜产值最低，仅为 18.75×10^8 元。"胡焕庸线"西北部地区中国蔬菜产值由东北向西南递减；"胡焕庸线"东南部地区中国蔬菜产值呈现出由华北平原向周围递减的格局。

第五节 小 结

谷物和蔬菜已成为当今中国耕地利用产出的主体，2021年，这两种农作物的产值占据了耕地利用总产值的80%以上。从2007年开始中国蔬菜产值超过谷物，之后两者之间的差距进一步扩大，可见中国耕地利用产出主导格局已发生了显著的变化，即耕地利用产值最大的农作物从谷物转向蔬菜。

中国耕地产出类型为蔬菜主导型的省份分布范围由2004年的东部地区扩大到2021年的内陆区域，其中包括了近2/3的粮食主产省份。无论是2004年、2012年，还是2021年，新疆的耕地利用产出类型始终为纤维主导型。

东北地区的谷物产值大，增幅也大；而其他农作物的产值，尤其是纤维的产值低。黄淮海平原地区的谷物、油料、纤维和蔬菜等农作物的产值均较高，但其增幅缓慢。青藏区的耕地产出较低；新疆的纤维产值最高。

谷物总产量增加对其产值增长的影响更明显，而价格上升对蔬菜等其他农作物产值增长的作用更大。

上述变化现象表明了中国耕地利用的专业化已初具雏形，同时耕地利用产出开始由单纯的保障国家粮食安全向保障国家粮食安全与促进农民增收协调发展转变，在这一过程中，需作如下重点考量：

2004年以来，无论是谷物产量还是产值的增长态势均不够稳健，此外，近2/3的粮食主产省份耕地产出格局已由谷物向蔬菜等经济收益更高的农作物转变。这意味着中国谷物生产仍然存在潜在的风险，保障国家粮食安全任重而道远。提高中国谷物产值，重点是构建适应市场变化的谷物目标价格制度，以提高种粮的比较收益及其预期收益，防止"谷贱伤农"现象的再现。

东北地区已成为中国谷物产值较高、增长最快的区域，在耕地利用过程中合理引导农户从事区域优势作物即谷物生产，进一步提升谷物专业化种植程度。此外，国家农业新增补贴应向东北粮食主产区的粮食生产专业大户倾斜,在这一过程中引入竞争机制,确保该地区粮食生产朝着稳定、有序的方向发展。作为中国另一大农区的黄淮海地区,其谷物、油料、纤维、蔬菜等作物的产值均较高,种植业发展程度高。黄淮海地区在耕地利用过程中应避免"一刀切"式的农业发展政策,必须考虑不同区域种植业的比较优势,从农业发展的客观规律和农民增收的实际需要出发,提高农业政策的针对性。

第五章
丘陵山区农户耕地撂荒特征及代际异质性

第一节 引 言

中国粮食产需处于紧平衡态势，同时，各种因素导致国际农产品市场供给不确定性增加，中央政府正着力推进撂荒耕地再续利用。作为粮食和特色农产品重要生产基地，丘陵山区耕地撂荒趋势还未得到有效遏制。耕地撂荒是伴随经济社会发展转型而发生的一种持续性土地利用变化现象，因此，需要从长期视角来识别其发生机制，进而设计出有效的应对策略，以防止耕地撂荒监管低效，甚至落入"监管陷阱"（黄少安和李业梅，2021）。作为耕地利用的微观主体，农户在新中国成立以来经济社会空前发展与变迁中出现了明显分化，其价值观念和行为方式呈现出巨大的代际差异（陈美球等，2019）。那么，丘陵山区农户耕地撂荒行为是否存在代际差异？如果存在，其内在机制是什么？回答这些问题有助于推进丘陵山区撂荒耕地再续利用。

丘陵山区耕地撂荒发生率高，耕地撂荒已成为中国丘陵山区土地利用变化的一种重要表现形式（李升发和李秀彬，2016；李升发等，2017）。尽管学术界不断关注农户耕地撂荒行为，但忽视了从代际这种长时间跨度视角来分析农户耕地撂荒行为。既有文献从多角度分析了农户耕地撂荒行为，例如农业劳动力转移（Xu et al., 2019；田玉军等，2010）、土地细碎化（罗必良等，2019）、区位因子（李辉尚等，2020）、移民搬迁（王倩等，2019）、社会资本（Deng et al., 2020）等。也有文献从异质性视角考察农户耕地撂荒行为，集中于农户的职业和经济分化（Xu et al., 2019；李赞红等，

2014）。代际差异也是农户异质性的一种重要表现。分属不同社会代的农户在土地意识（魏佳兴等，2019）、保护性耕作（曹慧和赵凯，2018）、宅基地退出（邝佛缘和陈美球，2021）、农地流转（何军和李庆，2014）以及合村并居（刘兴花和王勇，2021）等方面表现出明显差异。目前，从代际差异视角考察农户耕地撂荒行为的研究较少。谢花林和黄莹乾（2021）基于江西省兴国县293份农户调研数据的实证分析发现，农户耕地撂荒存在明显的代际差异，老一代农户的撂荒意愿及撂荒规模均高于新生代和中生代农户。也有学者持相似观点，认为年龄是老年农户撂荒的关键决定因素，农户年龄每增加1岁，撂荒概率增加8.5%（He et al.，2020）。然而，其他研究的结论有不同之处，例如基于2012~2016年中国劳动力动态调查数据的研究结果显示，户主年龄越小的农户家庭越有可能撂荒（Lu，2020）；利用中国24省4850户丘陵山区农户的大样本调查数据的研究发现，老年农户有助于遏制耕地撂荒（Deng et al.，2018）。

不难发现，农户耕地撂荒行为代际差异的研究不多、结论没有达成共识、形成机制还不明晰。基于此，借助代际社会学中的"社会代"理论构建丘陵山区农户耕地撂荒行为代际差异分析框架，基于典型丘陵山区赣南于都县的农户微观调查数据，利用Logit模型和Tobit模型进行实证分析，并进行多重稳健性检验。研究结论以期为有序推进丘陵山区撂荒耕地再续利用、耕地撂荒治理现代化提供决策依据。

第二节 理论分析与研究假说

由德国社会学家卡尔·曼海姆等提出的社会代（social cohorts）是代际社会学的核心概念（Mannheim，1970）。区别于以父代—子代血缘关系为基础定义的代际概念，社会代是在人生关键成长时期因重大历史事件影响而形成独特社会性格的同龄群体，并且基于共同的社会经历而产生强烈的群体认同。不同社会代之间因所处的历史环境和历史事件，影响和塑造了他们独特的集体记忆和习惯，其价值观念和行为倾向存在较大差异，称为代效应。

新中国成立以来，大致经历了三次重大社会变革，分别为社会主义建设阶段、"文化大革命"阶段和改革开放阶段（杨志海和王雨濛，2015）。在社会主义建设阶段，农业生产经历了土地改革、农业合作化运动、人民公社化运动等事件，农村土地产权经历了"从无到有，由有至公"的转变事件。在"文化大革命"阶段，农业生产经历了"工作无计划，生产无人抓""破私立公"等事件。在改革开放阶段，农业生产经历了家庭联产承包责任制改革、城乡二元体制松动、农业税取消、高标准农田建设、农业现代化等事件。这些特殊的历史事件和历史环境，极大地影响和塑造了中国不同代际农户的价值观念和行为准则（林志友和胡爽，2020；李春玲，2020）。

耕地保护意愿的代际差异。计划行为理论认为意愿是行为的先导，对行为有着直接的决定作用（畅倩等，2021）。当农户对耕地的保护意愿减弱时，其耕地撂荒行为越发明显。由于经历了农地产权变革、"文化大革命"等事件，"土地是命根子"成为老一代农户的基本共识，而且由于年龄较大、劳动能力下降、知识技能主要集中在农业生产等原因（这些称为年龄效应），他们更倾向于耕种土地，撂荒可能性较小。中生代农户虽然出生于计划经济时代，但在青年时期深受改革开放的影响，其对耕地的情感和生计依赖相对淡薄。当外出经商或务工受挫时，耕地起着重要的保障功能，因而中生代农户仍然有着较为强烈的耕地保护意愿。新生代农户的耕地保护意愿普遍不高，耕地撂荒行为较多，这不仅源自特殊的时代背景对其多元价值观的塑造，还归因于耕地已不再是主要的生计来源，向往城市生活、外出经商务工才是他们安身立命的根本（冉清文和孙丹青，2020）。

生计策略的代际差异。伴随工业化和城镇化的快速推进、农村户籍管制的放松、务农和务工收入差距的拉大，农村劳动力大规模非农转移（王国刚等，2013；郑重，1991）。因劳动能力、知识技能等方面不同，农户生计策略出现明显代际差异。老一代农户处于生命周期的末期，非农劳动与就业能力显著下降，且对耕地养老功能的依赖，农地经营是其主要收入来源，他们会尽可能耕作土地，耕地撂荒行为较少。与之形成明显对比的是新生代农户，较高的教育和专业技能水平使得他们外出经商或务工赚取更高非农收入的机会更多，加之丘陵山区耕地质量差、不易机械化等原因，耕地撂荒行为普遍。中生代农户在生计策略的选择上具有多维性（彭继权等，2018）：可以通过扩大耕地经营规模获取规模报酬，在满足对经济利益追求的同时留在农村生产生活；也可以选择经商或务工获取较高的非农收入，实现增加家庭收入的愿望。因此，中生代农户的兼业化程度高，务工或者经商的同时，也耕作那些便利且肥沃的土地。

种植结构的代际差异。丘陵山区既有资源禀赋较好且相对集中连片的平耕地，也有耕作条件较差且分散细碎的坡耕地。农户对不同禀赋条件土地的种植决策存在明显的差异（李庆等，2019）。相较于新生代、中生代农户，生计主要依赖农业的老一代农户随着年龄增大，体力状况逐步下降，存在两种策略以尽可能利用其所有土地实现利润最大化（王善高和田旭，2018）：一是要素替代策略，即通过机械替代劳动的方式在集中连片度高的平耕地种植粮食作物，实现粮食自给；二是种植结构调整策略，把剩余劳动投入到分散细碎的坡耕地种植利润更高的经济作物。中生代农户在兼业的过程中，因劳动力务农投入水平有限，更倾向于在资源禀赋较好、便于机械耕作的地块上种植劳动投入少、易于管理的粮食作物。新生代农户则因面临较高的务农机会成本而鲜少延续传统的小规模农业经营模式。

基于以上分析，形成了丘陵山区农户耕地撂荒代际差异分析框架（见图5-1），提出如下假说：丘陵山区老一代农户、中生代农户和新生代农户的耕地保护意愿趋弱、生计策略非农转型趋强、经济作物种植趋减，导致其耕地撂荒行为依次增强。

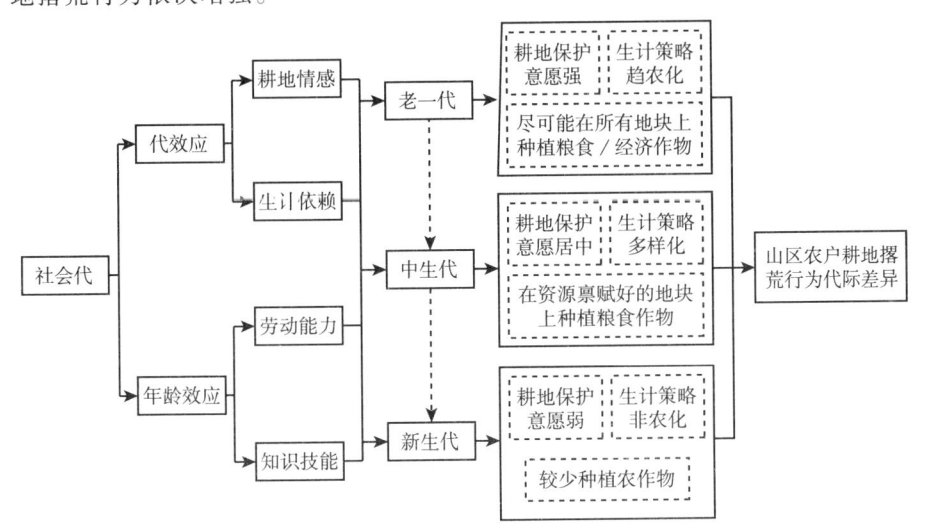

图5-1 丘陵山区农户耕地撂荒行为代际差异分析框架

第三节　数据来源与研究方法

一、数据来源

赣南是江西省南部区域的地理简称，地形以山地、丘陵为主，素有"八山半水一分田，半分道路和庄园"之称。近年来，伴随工业化和城镇化进程加快，区内发生大规模的劳动力非农迁移，耕地撂荒现象较为普遍（李升发等，2017）。于都县是赣南具有代表性的山区县。以于都县作为案例区，除了具有一般抽样调查数据特征，还因以一个县的数据进行估计，能够确保样本的各种不可观察因素（如自然环境、耕作制度、文化风俗等）相似，避免了大面积抽样调查数据难以完全克服的异质性问题。

课题组于2019年1～2月在赣南于都县开展农户问卷调查。为保障样本数据获取的有效性与代表性，选择农民工集中返乡的春节前后展开入户调研。具体方式如下：调研分6个小组同步开展，每个小组2～4名成员，其中至少1名为经过调研培训的当地在读大学生，熟悉环境，便于交流。调研采用分层抽样与随机抽样相结合的抽样策略。首先，综合考虑行政辖区经济发展水平、自然地理特征、总人口、国土面积、耕地面积、乡村劳动力非农化程度等6个方面，选择6个乡（镇）作为调研样本乡（镇）；然后，在每个样本乡（镇）随机抽取3～6个行政村，在每个行政村随机抽取2个自然村，在每个自然村随机选择15户左右的农户进行问卷调查。调研农户须分有集体土地，且至少有一名具有自主行为能力的劳动力。共走访调查6个乡（镇）21个行政村611户农户，其中有效问卷603份，问卷有效率为98.7%。

二、变量选取

被解释变量。主要探讨丘陵山区农户耕地撂荒行为，因而以农户是否撂荒耕地和耕地撂荒程度为被解释变量。参照撂荒耕地的界定方法（杨国永和许文兴，2015），将闲置一年以上，未能创造农业价值的耕地称为撂荒耕地。

核心解释变量。核心解释变量为代际差异。户主的价值观念和行为决策决定着整个家庭的生计策略及土地利用行为（谢花林和黄萤乾，2021；彭继权等，2018），参照已有文献（曹慧和赵凯，2018；Egri and Ralston，2004），将1966年及以前出生的户主所在家庭界定为老一代农户；1967~1979年出生的界定为中生代农户；1980年及之后出生的界定为新生代农户。

控制变量。基于已有研究成果（冉清文和孙丹青，2020；Subedi et al.，2021；Terres et al.，2015），从户主个人特征、家庭经济特征、耕地资源特征以及区域特征4个层面对可能影响农户耕地撂荒行为的因素进行了控制。其中，户主个人特征包括性别、受教育水平、健康状况和耕地保护意愿；家庭经济特征包括人均经营耕地面积、抚养比、农业收入占比、是否采用农业社会化服务、是否种植经济作物、是否参与土地流转以及是否是新型农业经营主体等；耕地资源特征涵盖了农户家庭地块数量、灌溉条件、机耕条件、耕作距离等变量；区域层面则控制了农户所在村落类型。

变量含义及描述性统计如表5-1所示。案例区19.9%的农户存在耕地撂荒行为，平均撂荒程度为7.8%。在调研获取的603份有效样本中，老一代、中生代、新生代农户占比分别为48.3%、41.1%、10.6%，这一占比结构与曹慧和赵凯（2018）在豫宁两省（区）的调研结果，即老一代、中生代、新生代农户占比分别为54.1%、37.1%和8.8%相近，说明本调研结果具有一定的普适性。

表5-1　　　　　　　　变量含义及描述性统计

变量分类	一级变量	二级变量	变量定义	均值	标准差
被解释变量	耕地撂荒行为	是否撂荒	农户是否撂荒耕地（1=是；0=否）	0.199	0.400
		撂荒程度	撂荒耕地面积/承包耕地总面积	0.078	0.200
核心解释变量		代际差异	1=老一代农户；2=中生代农户；3=新生代农户	1.637	0.662
控制变量	户主个人特征	性别	1=男；0=女	0.769	0.422
		教育水平	1=文盲；2=小学；3=初中；4=高中；5=大专及以上	2.486	0.895
		健康状况	1=健康；2=一般；3=差；4=残疾	1.645	0.776

续表

变量分类	一级变量	二级变量	变量定义	均值	标准差
控制变量	户主个人特征	保护意愿	是否认为自己是耕地保护最主要责任人？（1＝是；0＝否）	0.736	0.441
	家庭经济特征	人均经营耕地面积	实际经营耕地面积/家庭总人口	0.339	0.433
		抚养比	家庭非劳动力人口数/劳动力总数	0.343	0.197
		农业收入占比	农业收入/总收入	0.126	0.249
		社会化服务	是否采用农业社会化服务？（1＝是；0＝否）	0.585	0.493
		经济作物	是否种植经济作物？（1＝是；0＝否）	0.597	0.491
		土地流转	是否参与土地流转？（1＝是；0＝否）	0.663	0.473
		新型农业经营主体	是否新型农业经营主体？（1＝是；0＝否）	0.201	0.401
	耕地资源特征	地块数量	承包土地的总地块数/块	4.234	2.518
		灌溉条件	地块平均灌溉条件（1＝差；2＝中等；3＝优）	2.106	0.739
		机耕条件	地块平均机耕条件（1＝差；2＝中等；3＝优）	1.910	0.746
		耕作距离	所有承包地块离家时间的加权平均时间/分钟	10.50	6.108
	区域特征	村落类型	1＝城郊村落；2＝一般村落；3＝偏远村落	1.338	0.491

注：老一代、中生代、新生代农户占比分别为48.3%、41.1%、10.6%。

三、模型设定

是否撂荒耕地。考虑到农户是否撂荒耕地为二分类变量（1＝是，0＝否），因而采用二元 Logit 模型分析代际差异对农户是否撂荒耕地的影响，具体模型如下：

$$p_i = F(y_i) = \frac{e^{y_i}}{1 + e^{y_i}} \qquad (5-1)$$

第五章　丘陵山区农户耕地撂荒特征及代际异质性

$$y_i = \ln \frac{p_i}{1-p_i} = \beta_0 + \sum_{j=1}^{n} \beta_j X_{ij} \qquad (5-2)$$

式中，p_i 表示第 i 个农户的耕地撂荒概率；y_i 为被解释变量，表示第 i 个农户是否撂荒耕地；X_{ij} 表示包含核心解释变量在内的影响农户是否撂荒耕地的系列控制变量，其中 n 表示变量的个数；β_0、β_j 分别为截距项及第 j 个解释变量的回归系数。

耕地撂荒程度。考虑到农户耕地撂荒程度为 0~1 之间的左侧归并数据，其条件分布并非正态分布，故采用针对估计归并数据常用的 Tobit 模型分析代际差异对农户耕地撂荒程度的影响，具体模型如下：

$$rate_i = \begin{cases} rate_i^*, & rate_i^* > 0 \\ 0, & rate_i^* \leq 0 \end{cases} \qquad (5-3)$$

$$rate_i^* = \alpha_0 + \sum_{j=1}^{n} \alpha_j X_{ij} + \varepsilon_i \qquad (5-4)$$

式中，$rate_i$ 为第 i 个农户耕地撂荒程度的实际观测值，$rate_i^*$ 为潜变量；X_{ij} 表示包含核心解释变量在内的影响农户耕地撂荒程度的系列控制变量，其中 n 表示变量的个数；α_0、α_j 分别为截距项及第 j 个解释变量的回归系数，ε_i 为扰动项。

第四节　不同代际农户耕地撂荒特征分析

表 5-2 表明案例区农户耕地撂荒行为存在代际差异。老一代、中生代、新生代农户的耕地撂荒概率依次递增，分别为 17.4%、21.2% 和 33.9%；耕地撂荒程度分别为 7.5%、8.1% 和 10.4%。不同代际农户的耕地保护意愿、生计策略和种植结构也存在差异。样本中认为自己是耕地保护最主要责任人的老一代、中生代、新生代农户占比分别为 74.7%、72.5% 和 64.5%，耕地保护意愿依次减弱；在生计策略方面，老一代、中生代、新生代农户家庭非农劳动力占比依次递增，分别为 34.4%、37.9% 和 38.6%，农业收入比重则呈现出相反的变化趋势，分别为 15.6%、10.0% 和 9.1%；在种植结

构方面，老一代、中生代、新生代农户的经济作物种植概率依次降低，分别为63.3%、58.1%和57.3%。

表 5-2　　　　　　　　不同代际农户耕地撂荒行为特征

变量	老一代农户	中生代农户	新生代农户
是否撂荒	0.174	0.212	0.339
撂荒程度	0.075	0.081	0.104
耕地保护意愿	0.747	0.725	0.645
非农劳动力占比	0.344	0.379	0.386
农业收入占比	0.156	0.100	0.091
经济作物种植	0.633	0.581	0.573
样本数	291	248	64

第五节　代际差异对农户耕地撂荒行为的影响

一、代际差异影响农户耕地撂荒行为的基准回归

在模型估计之前，采用方差膨胀因子（VIF）和 Pearson 相关系数对解释变量间的多重共线性进行诊断。检验结果显示，单变量的 VIF 最大值为 1.40，整体 VIF 为 1.15，远小于临界值 10；同时 Pearson 相关系数最大值为 0.47（机耕条件和灌溉条件），其余变量间的相关系数绝对值在 0.01~0.23，均小于临界值 0.7。以上结果表明，解释变量之间不存在严重的多重共线性问题，可以构建回归模型。

表 5-3 中模型（1）为不加控制变量的代际差异对农户是否撂荒耕地的影响；模型（2）和模型（3）分别为加了控制变量后代际差异对农户是否撂荒耕地的影响及其边际效应。模型（1）的估计结果显示，代际差异的系数为 0.360，且通过了 5% 显著性水平的检验。模型（2）的估计结果显示，代际差异的系数为 0.571，且通过了 1% 的显著性水平检验。加了控制变量之后，代际差异对农户是否撂荒耕地的影响增强，且显著性水平提高。代际差异每提升一个等级，农户的耕地撂荒概率增加 6.6%，具有显著的经济意义。可

见，老一代农户的耕地撂荒概率最低；中生代农户次之；新生代农户最高。

表5-3 代际差异影响农户耕地撂荒行为的估计结果

变量	是否撂荒			撂荒程度		
	(1)	(2)	(3)	(4)	(5)	(6)
代际差异	0.360** (0.151)	0.571*** (0.194)	0.066*** (0.022)	0.100* (0.055)	0.117** (0.053)	0.023** (0.011)
性别		-0.204 (0.285)	-0.024 (0.036)		-0.076 (0.077)	-0.015 (0.016)
教育水平		0.159 (0.137)	0.018 (0.016)		0.053 (0.038)	0.011 (0.008)
健康状况		0.169 (0.161)	0.020 (0.019)		0.023 (0.045)	0.005 (0.009)
保护意愿		-0.671*** (0.260)	-0.087** (0.037)		-0.177** (0.072)	-0.036** (0.014)
人均经营耕地面积		-1.269*** (0.438)	-0.146*** (0.049)		-0.378*** (0.109)	-0.076*** (0.022)
抚养比		-0.811 (0.639)	-0.093 (0.073)		-0.179 (0.173)	-0.036 (0.035)
农业收入占比		-0.874** (0.421)	-0.101** (0.048)		-0.255** (0.117)	-0.051** (0.024)
社会化服务		-0.750*** (0.269)	-0.091*** (0.034)		-0.179** (0.073)	-0.036** (0.015)
经济作物		-0.568** (0.258)	-0.068** (0.032)		-0.217*** (0.070)	-0.044*** (0.014)
土地流转		-1.038*** (0.256)	-0.136*** (0.037)		-0.327*** (0.071)	-0.066*** (0.015)
新型农业经营主体		-0.878** (0.385)	-0.084** (0.030)		-0.218** (0.101)	-0.044** (0.020)
地块数量		0.125*** (0.042)	0.014*** (0.005)		0.014 (0.011)	0.003 (0.002)

续表

变量	是否撂荒			撂荒程度		
	(1)	(2)	(3)	(4)	(5)	(6)
灌溉条件		-0.691*** (0.187)	-0.080*** (0.021)		-0.188*** (0.054)	-0.038*** (0.011)
机耕条件		-0.370* (0.199)	-0.043* (0.023)		-0.124** (0.057)	-0.025** (0.011)
耕作距离		0.043** (0.018)	0.005** (0.002)		0.013** (0.005)	0.003** (0.001)
村落类型		-0.444* (0.263)	-0.051* (0.030)		-0.107 (0.071)	-0.022 (0.014)
常数项	-0.558 (0.357)	2.032* (1.068)		-0.328** (0.137)	1.226*** (0.304)	
样本数	603	603	603	603	603	603
伪 R^2	0.009	0.236	0.236	0.006	0.238	0.238

注：*、**和***分别表示显著性水平为10%、5%和1%；括号内的数值为普通标准误。

表5-3中模型（4）为不加控制变量的代际差异对农户耕地撂荒程度的影响；模型（5）和模型（6）分别为加了控制变量后代际差异对农户耕地撂荒程度的影响及其边际效应。模型（4）的估计结果显示，代际差异的系数为0.100，且通过了10%的显著性水平检验。模型（5）的估计结果显示，代际差异的系数为0.117，且通过了5%的显著性水平检验。加了控制变量之后，代际差异对农户耕地撂荒程度的影响变大，且显著性提高。代际差异每提升一个等级，农户的耕地撂荒程度增加2.3%，具有经济显著性。可见，老一代农户的耕地撂荒程度最低；中生代农户次之；新生代农户最高。

综上所述，农户的耕地撂荒概率和耕地撂荒程度都存在显著的代际差异。具体而言，老一代、中生代和新生代农户的耕地撂荒行为依次增强。

二、代际差异影响农户耕地撂荒行为的稳健性检验

地块是农户生产经营的最小单位，能从微观层面反映农户农业生产经营特征（李琴等，2017），从而为探讨农户耕地撂荒的代际差异提供了另一个

尺度。为了检验上述估计结果的稳健性，采用地块层面数据重新估计代际差异对农户是否撂荒耕地的影响［见表5-4模型（1）和模型（2）］。表5-4结果显示，代际差异的系数显著为正，与表5-3模型（1）和模型（2）的结果一致；控制变量对农户是否撂荒耕地的影响也与前文一致。

考虑到"代效应"中价值观形成的滞后性（Lyons and Kuron，2014），参考已有研究（刘炎周等，2016；陈美球等，2019），将代际划分时点滞后5年，即1＝1961年之前出生；2＝1962～1974年出生；3＝1975年以后出生。采用滞后5年的代际划分标准，重新估计代际差异对农户是否撂荒耕地和耕地撂荒程度的影响［见表5-4模型（3）～（4）和模型（5）～（6）］。结果显示，代际差异的系数显著为正，与表5-3中的估计结果一致；控制变量对农户是否撂荒耕地和耕地撂荒程度的影响也均与前文一致。

表5-4　代际差异影响农户耕地撂荒行为的稳健性检验结果

变量	地块层面		时间滞后			
	（1）	（2）	（3）	（4）	（5）	（6）
代际差异	0.238** (0.104)	0.378*** (0.132)	0.439*** (0.149)	0.681*** (0.192)	0.122** (0.055)	0.134** (0.053)
控制变量	否	是	否	是	否	是
常数项	-1.748*** (0.249)	3.470*** (0.778)	-0.408 (0.342)	4.525*** (1.118)	-0.286** (0.131)	1.256*** (0.304)
样本数	2336	2336	603	603	603	603
伪 R^2	0.004	0.255	0.014	0.242	0.008	0.240

注：** 和 *** 分别表示显著性水平为5%和1%；括号内的数值为普通标准误。

总之，无论采用地块层面的数据还是将代际划分时点滞后5年重新估计代际差异对农户耕地撂荒行为的影响，都验证了前文估计结果的稳健性，从而得出如下结论：老一代、中生代和新生代农户的耕地撂荒行为依次增强。

三、农户耕地撂荒行为代际传递机制验证

表5-5中模型（1）～（4）的估计结果显示，代际差异的系数均为负，且至少通过了5%水平上的显著性检验，且具有经济显著性。这表明，代际

差异对农户耕地保护意愿、倚农型生计策略（务农劳动力占比与农业收入占比）和经济作物种植均有显著的抑制作用。模型（5）~（9）在控制了户主个人特征、家庭经济特征、耕地资源禀赋特征和区域特征等系列控制变量后，耕地保护意愿、倚农型生计策略和经济作物种植对农户是否撂荒耕地均有显著负向影响。模型（5）和模型（10）分别为未纳入机制变量和纳入全部机制变量的分析结果，模型纳入全部机制变量后，耕地保护意愿、倚农型生计策略和经济作物种植对农户是否撂荒仍有显著负向影响，同时代际差异变量系数的边际效应的绝对值由模型（5）的 0.072 降为模型（10）的 0.050。结果表明，丘陵山区老一代农户、中生代农户和新生代农户的耕地保护意愿趋弱、生计策略非农转型趋强、经济作物种植趋减，这是丘陵山区老一代农户、中生代农户和新生代农户耕地撂荒行为依次增强的内在机制。

表 5-5　　　　　　　　农户耕地撂荒行为代际传递机制验证结果

变量	耕地保护意愿	生计策略 农业收入占比	生计策略 务农劳动力占比	经济作物种植	是否撂荒					
	(1)	(2)	(3)	(4)	(5)	(6)	(7)	(8)	(9)	(10)
代际差异	-0.373** (0.179)	-0.051*** (0.018)	-0.073*** (0.013)	-0.452** (0.212)	0.583*** (0.188)	0.545*** (0.190)	0.479** (0.193)	0.623*** (0.190)	0.561*** (0.189)	0.428** (0.201)
耕地保护意愿						-0.694*** (0.258)				-0.700*** (0.265)
务农劳动力占比							-1.489** (0.591)			-1.943*** (0.605)
农业收入占比								-0.896** (0.417)		-1.253*** (0.451)
经济作物种植									-0.569** (0.253)	-0.635** (0.262)
控制变量	是	是	是	是	是	是	是	是	是	是
常数项	1.487* (0.786)	-0.158 (0.079)	0.594*** (0.066)	-0.665 (0.668)	0.109 (0.912)	0.868 (0.963)	0.977 (0.982)	0.971 (1.000)	0.479 (0.940)	3.731*** (1.221)
样本量	603	603	603	603	603	603	603	603	603	603
调整后的 R^2		0.097	0.127							
伪 R^2	0.071			0.109	0.209	0.221	0.219	0.216	0.217	0.253

注：*、** 和 *** 分别表示显著性水平为 10%、5% 和 1%；括号内为普通标准误。

第六节 小　　结

基于代际差异视角，借助代际社会学中的"社会代"理论，解析丘陵山区农户耕地撂荒行为的代际差异及其内在机制，进而采用典型案例区的农户问卷数据，运用Logit模型和Tobit模型进行实证分析，并对计量结果进行多重稳健性检验，得出以下结论：（1）丘陵山区农户耕地撂荒行为具有明显的代际差异，老一代、中生代和新生代农户的耕地撂荒行为依次增强。具体而言，代际差异每提升一个等级，农户耕地撂荒概率增加6.6%、撂荒程度增加2.3%。（2）代际差异具有通过作用丘陵山区农户耕地保护意愿、生计策略和种植结构而影响其耕地撂荒行为的机制。丘陵山区老一代农户、中生代农户和新生代农户的耕地保护意愿趋弱、生计策略非农转型趋强、经济作物种植趋减，导致其耕地撂荒行为依次增强。

基于以上结论，得到如下政策启示：（1）变革农业经营体系，优化丘陵山区不同代际农户农业经营模式。当前中国丘陵山区新型农业经营体系发展缓慢，应基于不同代际农户特征，优化丘陵山区农业经营模式，从有长期务农意愿的中生代和新生代农户中培育出以适度规模和多种经营为导向的新型农业经营主体，从能务农的老一代农户中培育出以种植"小而精"特色农产品为主的新时代小农户。（2）优化丘陵山区耕地在农户代际间的配置，提高耕地利用效率。一方面，着力健全丘陵山区土地流转市场和集体土地制度，鼓励不同代际中务农意愿低的农户转出耕地；另一方面，积极开展丘陵山区农田宜机化改造，加强农业生产技术教育培训，鼓励、支持不同代际中有长期务农意愿的农户转入耕地，形成集中连片经营，实现规模经济。（3）因地制宜建设丘陵山区经济作物产业链，提高农业盈利能力。中国居民对安全优质特色农产品的需求大幅增长，而供给相对滞后，市场潜力大。建议丘陵山区县政府有计划地鼓励农户在坡耕地（包括梯田）上建设优势农产品产业带和特色农产品优势区，同时通过品牌建设和电商平台搭建，提高农业盈利能力，吸纳不同代际农户，实现共同增收。

第六章

中国撂荒耕地再续利用时空格局与政策工具

第一节 引 言

2020年以来，为了稳住粮食安全这个压舱石，中央政府对耕地撂荒问题予以了特别关注，对撂荒耕地再续利用越来越重视。2021年，农业农村部印发了《关于统筹利用撂荒地促进农业生产发展的指导意见》，要求从政策扶持、基础设施建设、土地流转、指导服务、宣传引导、责任考核等多个方面推动撂荒耕地再续利用。2023年的中央一号文件《关于做好2023年全面推进乡村振兴重点工作的意见》，更是特别强调要"加大撂荒耕地利用力度"。2023年7月，中央财经委员会第二次会议强调"加强撂荒地治理，摸清底数，分类推进，因地制宜把撂荒地种好用好"。

现有研究对2020年以来中国撂荒耕地再续利用政策效果开展量化评价的较少，也就是说，缺少2020年以来中国撂荒耕地再续利用的基础数据。底数不清容易造成错觉，这些基础数据对厘清耕地利用变化规律，对国家调整优化撂荒耕地再续利用的政策非常重要。以2020~2022年发布的县级行政区撂荒耕地再续利用新闻报道为研究对象，首先分析了中国撂荒耕地再续利用时空格局，包括是否开展撂荒耕地再续利用和再续利用种植结构2个方面；然后采取环境型、供给型和需求型政策工具分类方法，分析了中国推进撂荒耕地再续利用所采用的政策工具特征。

第二节　研究方法及数据来源

一、研究方法

内容分析法（content analysis）是一种通过深入分析研究对象内容来探究本质的方法，其实质是分析文献内容所含的信息量及其变化，以求通过数据对内容进行可再现的、有效的推断（娄文龙等，2019）。政策文本作为政策信息的"载体"，政策工具等内容都内化于文本之中，分析政策文本的具体内容有助于更加细致、客观地探讨政策研究命题。内容分析法被视为一种客观、系统和定量地描述具有明确特性信息内容的研究技术。该方法作为一种较高层次的情报分析方法具有十分可观的应用价值，可用于定性和定量数据，并以归纳或演绎的方式使用，能用于研究任何可记录、可保存且有价值的文献。

二、数据基础

以2020~2022年（2022年的数据截至7月18日）发布的县级行政区撂荒耕地再续利用新闻报道为研究对象，通过关键词检索的方式从公开渠道获取所需文本。方法和途径如下：首先，通过阅读撂荒耕地再续利用相关文献和政策文本明确检索词；然后，以"撂荒再利用""抛荒再利用""撂荒复耕""撂荒治理""撂荒整治""撂荒复种""抛荒复耕""抛荒治理""抛荒整治""抛荒复种"等为关键词，借助爬虫软件，利用百度搜索引擎，对新闻报道的标题和全文进行精准搜索。例如，将关键词以"撂荒"+"复耕"的形式输入检索框，则检索出的结果必须同时包含"撂荒"和"复耕"两个关键词。并且，为进一步缩小检索范围、避免遗漏，采用分关键词逐年检索的方式，将每个关键词按年份分为3组分别检索。

为保证选取新闻报道的准确性和典型性，按照下述原则对新闻报道进行整理和筛选：一是政府发布的法律法规、指导性政策文件以及地方领导人和相关部门负责人的讲话、工作报告、工作方案等予以剔除;二是检索到的文本,必须具有实质性的政策工具,而不仅仅是简单提及了撂荒复耕等关键词;三是重复的新闻报道剔除,且如果同一新闻报道中涉及多个县域的撂荒耕地再续利用信息,则将各县域信息分别统计。依照上述步骤,从检索到的12730条新闻报道中,最终筛选出了有效撂荒耕地再续利用新闻报道1365份,涉及466个县级行政区。

第三节 撂荒耕地再续利用时空格局

一、撂荒耕地是否再续利用

2020~2022年,中国报道撂荒耕地再续利用的县级行政区数量依次为128个、177个和336个,呈现快速增长的态势。这说明,自2020年以来,为稳住粮食安全这个压舱石,中央政府对耕地撂荒问题予以了特别关注,对撂荒耕地再续利用越来越重视,地方政府加大力度推进撂荒耕地再续利用。

北方干旱半干旱区撂荒耕地再续利用的新闻报道集中在甘肃,且多出现于2022年(见图6-1)。2020~2022年,共有48个县级行政区报道了撂荒耕地再续利用,数量由2020年的7个增加到2021年的26个,再增加到2022年的39个。出现撂荒耕地再续利用的县级行政区由甘肃中部向南和向北扩散。

黄淮海平原区撂荒耕地再续利用的新闻报道不多,总共涉及山东和河南2省8个县级行政区,且多出现于2021年和2022年,并且在空间分布上呈现由西向东扩散的态势(见图6-2)。

黄土高原区撂荒耕地再续利用的新闻报道集中在陕西,且多出现于2021年(见图6-3)。2020~2022年,共有16个县级行政区报道了撂荒耕地再续利用,数量由2020年的1个增加到2021年的9个,再减少到2022年的7个。出现撂荒耕地再续利用的县级行政区由陕西省临潼区向西南和东北扩散。

（a）2020年撂荒耕地再续利用县（市、区）　　（b）2021年撂荒耕地再续利用县（市、区）

（c）2022年撂荒耕地再续利用县（市、区）　　（d）县（市、区）种植结构

图6-1　北方干旱半干旱区2020~2022年撂荒耕地再续利用空间格局

青藏高原区撂荒耕地再续利用的新闻报道不多，总共涉及青海6个县级行政区，且多出现于2021年和2022年，并且在空间分布上集中在青海东部（见图6-4）。

长江中下游地区撂荒耕地再续利用的新闻报道集中在湖南，其次是江西，然后是安徽，最后是浙江、湖北和江苏，且多出现于2022年（见图6-5）。

（a）2020年撂荒耕地再续利用县（市、区）　　（b）2021年撂荒耕地再续利用县（市、区）

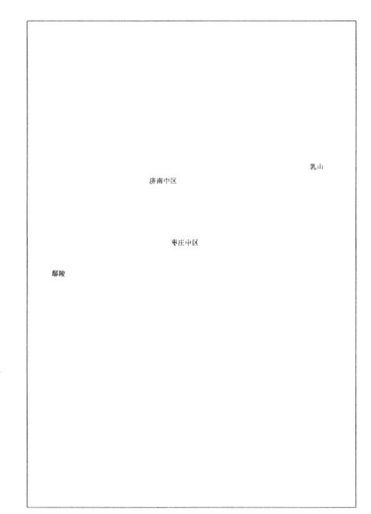

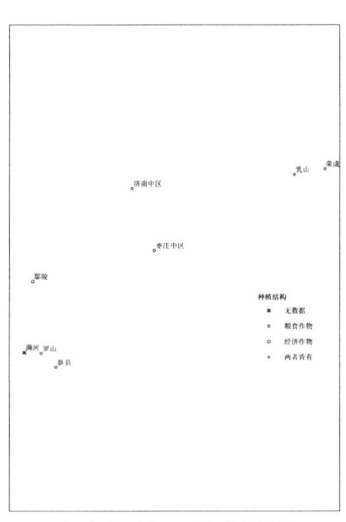

（c）2022年撂荒耕地再续利用县（市、区）　　（d）县（市、区）种植结构

图 6-2　黄淮海平原区 2020~2022 年撂荒耕地再续利用空间格局

2020~2022 年，共有 164 个县级行政区报道了撂荒耕地再续利用，数量由 2020 年的 70 个减少到 2021 年的 67 个，再增加到 2022 年的 96 个。出现撂荒耕地再续利用的县级行政区由长江中下游地区的西南向东北扩散。

四川盆地及周边地区撂荒耕地再续利用的新闻报道集中在四川，且多出现于 2022 年（见图 6-6）。2020~2022 年，共有 89 个县级行政区报道了撂

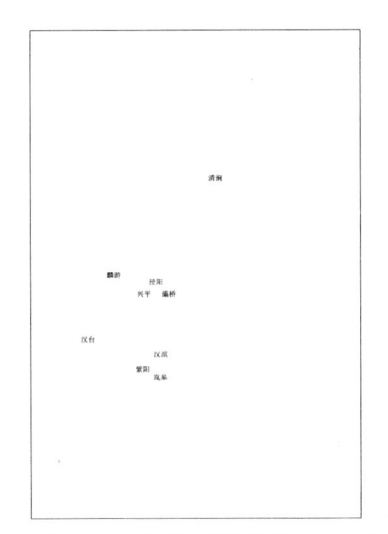

（a）2020年撂荒耕地再续利用县（市、区）　　（b）2021年撂荒耕地再续利用县（市、区）

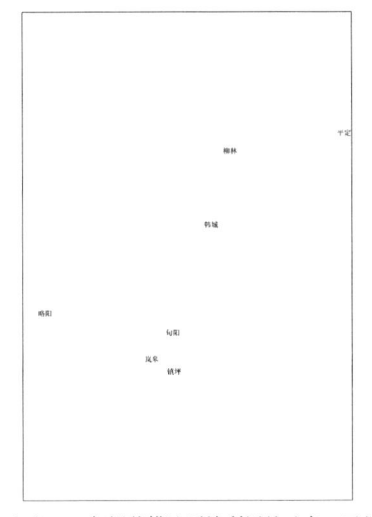

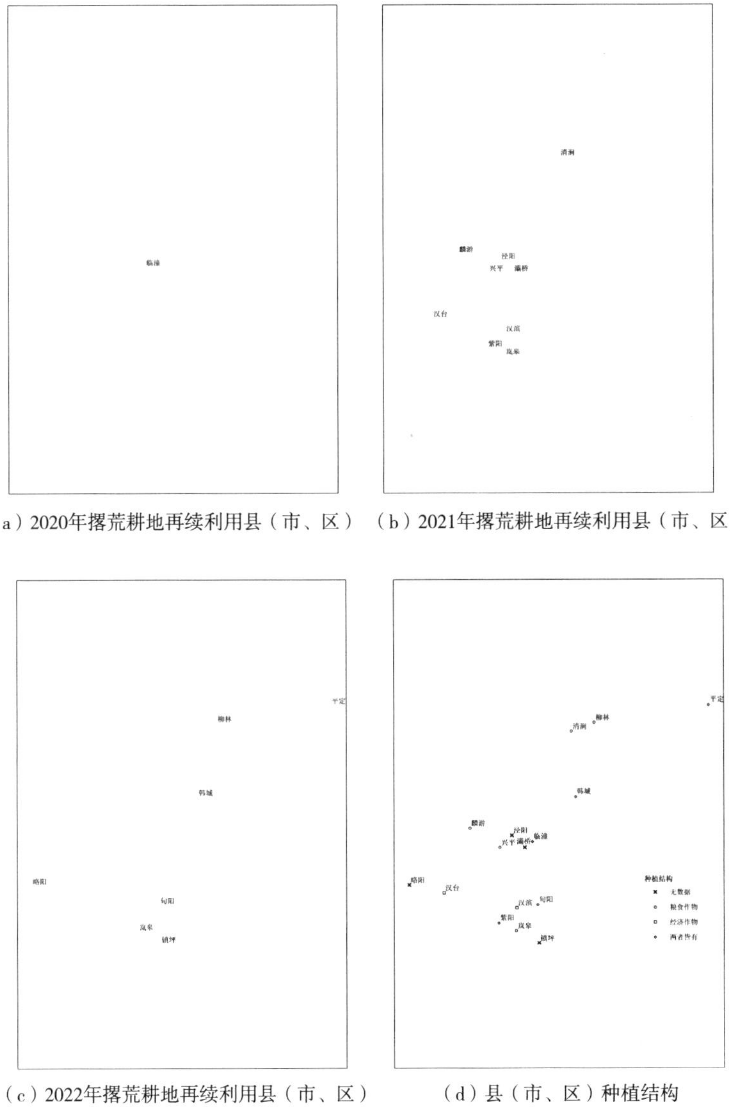

（c）2022年撂荒耕地再续利用县（市、区）　　（d）县（市、区）种植结构

图6–3　黄土高原区2020~2022年撂荒耕地再续利用空间格局

荒耕地再续利用，数量由2020年的27个增加到2021年的29个，再快速增加到2022年的75个。出现撂荒耕地再续利用的县级行政区集中在四川东部和重庆西部。

华南区撂荒耕地再续利用的新闻报道集中在广东，其次是福建，最后是海南，且多出现于2022年（见图6–7）。2020~2022年，共有79个县级行

（a）2020年撂荒耕地再续利用县（市、区）　　（b）2021年撂荒耕地再续利用县（市、区）

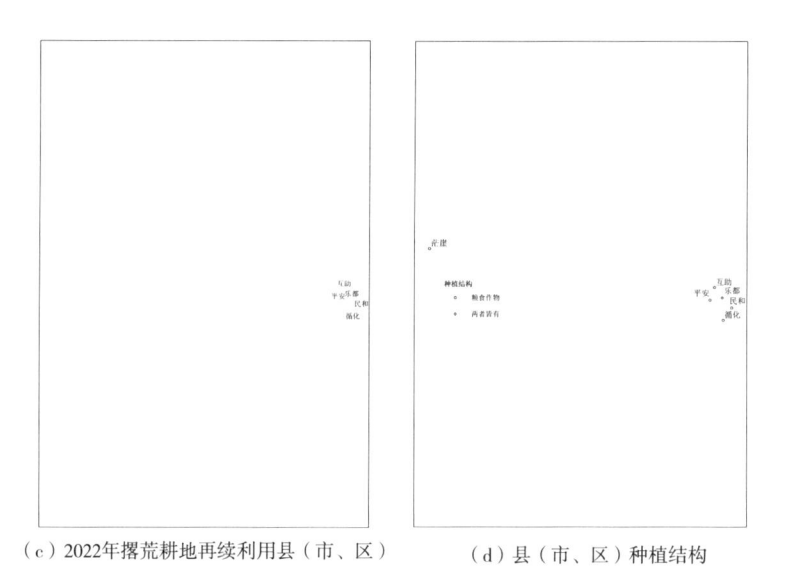

（c）2022年撂荒耕地再续利用县（市、区）　　（d）县（市、区）种植结构

图 6-4　青藏高原区 2020~2022 年撂荒耕地再续利用空间格局

政区报道了撂荒耕地再续利用，数量由 2020 年的 16 个增加到 2021 年的 30 个，再快速增加到 2022 年的 61 个。

云贵高原区撂荒耕地再续利用的新闻报道集中在广西和贵州，且多出现于 2022 年（见图 6-8）。2020~2022 年，共有 56 个县级行政区报道了撂荒

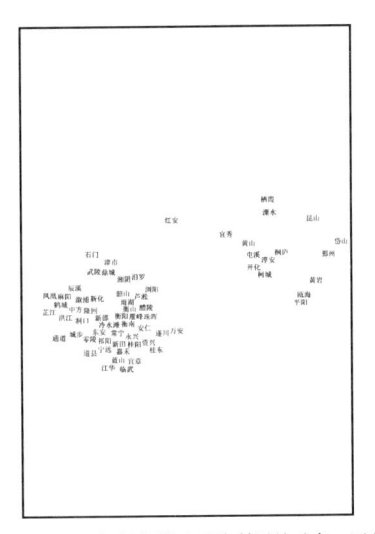

（a）2020年撂荒耕地再续利用县（市、区）　　（b）2021年撂荒耕地再续利用县（市、区）

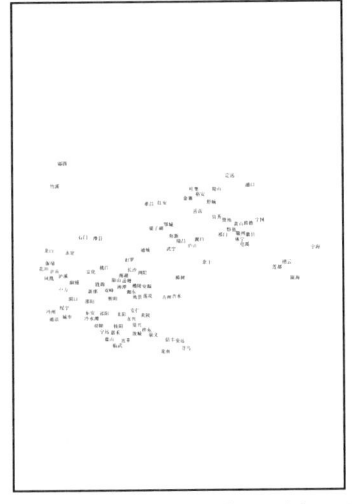

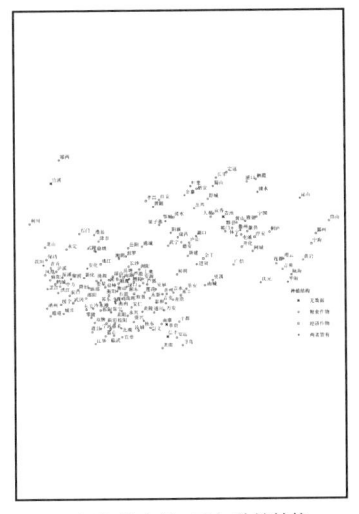

（c）2022年撂荒耕地再续利用县（市、区）　　（d）县（市、区）种植结构

图6-5　长江中下游地区2020～2022年撂荒耕地再续利用空间格局

耕地再续利用，数量由2020年的4个增加到2021年的7个，再快速增加到2022年的48个。

参照《中国县域社会经济年鉴》所附全国主要类型区域县（市）名单，对所有县级行政区划分为平原县、丘陵县和山区县。除《中国县域社会经济

（a）2020年撂荒耕地再续利用县（市、区）　　（b）2021年撂荒耕地再续利用县（市、区）

（c）2022年撂荒耕地再续利用县（市、区）　　（d）县（市、区）种植结构

图 6－6　四川盆地及周边地区 2020~2022 年撂荒耕地再续利用的空间格局

年鉴》没有对有些市辖区进行统计之外，样本县级行政区涉及平原县 38 个、丘陵县 125 个、山区县 195 个。可见，当前中国撂荒耕地再续利用的县级行政区集中在山区，然后是丘陵，最后是平原。

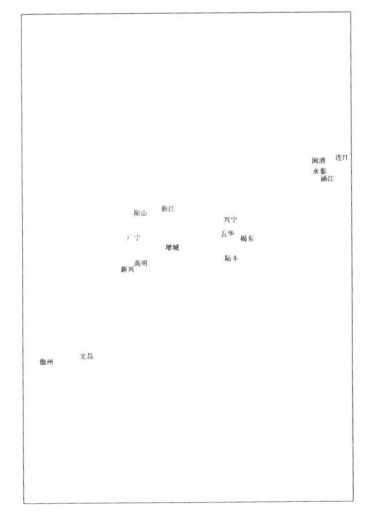

（a）2020年撂荒耕地再续利用县（市、区）　　（b）2021年撂荒耕地再续利用县（市、区）

（c）2022年撂荒耕地再续利用县（市、区）　　（d）县（市、区）种植结构

图 6-7　华南区 2020~2022 年撂荒耕地再续利用空间格局

二、撂荒耕地再续利用种植结构

撂荒耕地再续利用只种植粮食作物的县级行政区有 315 个，占推进撂荒耕地再续利用县级行政区总数的 67.60%；只种植经济作物的县级行政区有 37 个，占总数的 7.94%；既种粮食作物又种经济作物的县级行政区有 97

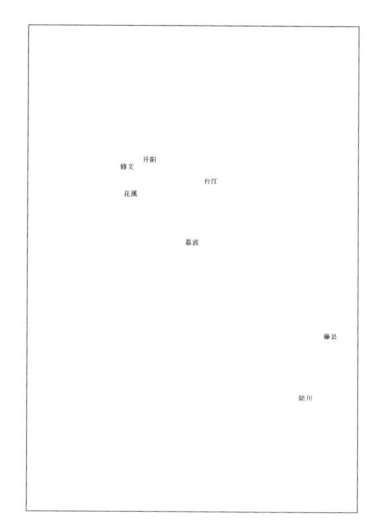

(a) 2020年撂荒耕地再续利用县（市、区）　　(b) 2021年撂荒耕地再续利用县（市、区）

(c) 2022年撂荒耕地再续利用县（市、区）　　(d) 县（市、区）种植结构

图 6-8　云贵高原区 2020~2022 年撂荒耕地再续利用空间格局

个，占总数的 20.82%；没有报道种植结构的县级行政区有 17 个，占总数的 3.65%。

撂荒耕地再续利用只种植粮食作物的县级行政区数量最多，只种植经济作物的县级行政区数量最少。这反映出地方政府在推动撂荒耕地再续利用时，更加重视保障粮食安全，而不是仅仅追求经济效益。地方政府在制定撂荒耕地再续利用政策时，往往会优先考虑种植粮食作物，鼓励农民增加粮食种植面积，提高粮食产量。

撂荒耕地再续利用既种粮食作物又种经济作物的县级行政区数量居中。这表明当前有一部分地方政府在推动撂荒耕地再续利用时，采取了多元化的种植策略。相关政策文件也明确提及，对于撂荒耕地应根据立地条件，宜粮则粮、宜特则特，发展粮食、特色水果、中药材、优质牧草等生产，增加多样化产品供给。既种粮食作物又种经济作物的方式，可以充分利用撂荒耕地，提高土地的综合利用效益。

第四节　撂荒耕地再续利用政策工具

一、政策工具分类

政策工具（policy instruments），又称"治理工具/政府工具"，是在既定的政策环境下，政策执行者为解决政策问题、达成政策目标、实施政策方案等而采取的一系列方式、方法和措施的综合（匡兵等，2018）。环境型、供给型和需求型政策工具分类方法（Rothwell and Zegveld，1981）强化了政府在相关政策推进过程中的环境营造者角色，指出政府并非仅仅起到控制者和干预者作用，这与中国政府持续性向服务型政府转型的目标要求相吻合。同时，该方法凸显供给与需求在推进政策发展过程中所起到的作用，与中国近年来强调的供给侧结构性改革不谋而合（匡兵等，2018；孙兰英等，2018）。此外，该方法还具有次级政策工具更加具体、操作方法明确等优点。将撂荒耕地再续利用政策体系所涉及的政策工具划分为环境型、供给型和需求型三类，并结合中国撂荒耕地再续利用政策的具体内容将政策工具划分为12类次级工具（见表6-1）。

表6-1　撂荒耕地再续利用政策工具的类型与基本内涵

政策工具类型	次级工具	基本内涵
环境型	规范管制	制定撂荒耕地再续利用相关政策，包括责任、考核、奖励、惩罚、习俗、监管、举报等方面
	氛围营造	通过政策宣传、培训等方式营造撂荒耕地再续利用的良好氛围
	金融服务	通过融资、贷款、保险等方式为撂荒耕地再续利用提供金融服务
	目标规划	对撂荒耕地再续利用进行规划
供给型	资金投入	对撂荒耕地再续利用给予资金支持，如提供补贴等
	技术支持	为撂荒耕地再续利用提供技术指导服务
	就业支持	出台系列支持政策鼓励农民本地就业
	基础保障	改善撂荒耕地的基础设施，如高标准农田建设等
	公共服务	培育土地流转中介机构、农业社会化服务组织等，为撂荒耕地再续利用提供公共服务
需求型	政府购买	购买撂荒耕地再续利用生产的相关产品或者服务
	引领示范	设立撂荒耕地再续利用示范点，发挥党员干部、新型农业经营主体等的带头作用
	服务外包	将撂荒耕地再续利用委托给新型农业经营主体、农业社会化服务组织等

（一）环境型政策工具

1. 规范管制。规范管制包含多项政策内容，而针对规范管制类政策工具需要达成的目标，将该类政策工具的具体措施归类为明确责任、考核、奖励、惩罚、习俗、监管、举报等方面内容。首先，地方政府在推进撂荒耕地再续利用的过程中，需要建立责任机制，层层压实责任，保障撂荒耕地再续利用工作的有效推进，具体措施包括包干工作机制、网格化管理、共同责任机制、签订再续利用承诺书、田长制、成立耕地抛荒工作领导小组等。其次，考核机制用以保障撂荒耕地再续利用政策的执行效果，对相关责任主体进行绩效评估，确保撂荒耕地再续利用工作按照规定要求有序开展，具体措施包括组建督导组、定期报告、核查验收、督查考核（红黑榜）等。再次，惩罚机制用以约束和处罚不履行撂荒耕地再续利用责任、违反撂荒耕地再续利用规定的行为，强化责任主体对撂荒耕地再续利用工作的重视和执行力度，措施包括职务任免、扣减补贴、收回发包田、缴纳闲置费、取消农户家庭各类荣誉称号评定资格、将承包方代表纳入本市公共信用信息平台不良信用记录等。此外，习俗规范主要指地方政府强调乡村出台村规民约，用以增强农民对撂荒耕地再续利用工作的自觉性和积极性；监管机制主要指建立耕地撂荒监测系统，加强对撂荒耕地再续利用中各项政策措施执行情况的监测和评估，及时发现问题，及时调整政策，确保政策执行的科学性和有效性；举报机制则是要求建立举报监管制度，鼓励公众积极参与对撂荒耕地再续利用工作的监督和举报，及时反映问题和意见，帮助政府改进撂荒耕地再续利用政策，提高政策执行的透明度和公正性。

2. 氛围营造。氛围营造是指政府通过政策宣传、培训等方式营造支持撂荒耕地再续利用的良好氛围，主要包含政策宣传和群众动员两项内容。首先，政策宣传是确保撂荒耕地再续利用政策有效传达和理解的重要方式。地方政府利用权威媒体发布公告、发放宣传单、召开群众会、广播微信群等多种方式，广泛宣传撂荒耕地再续利用政策的目标、意义、措施和优势。其次，群众动员是实现撂荒耕地再续利用政策落地生根的关键一环，具体措施有村干部到农民家里对村民进行劝说、讨论协商、征求意见、谈话教育等。通过氛围营造，地方政府可以激发广大农民的积极性和创造性，推动撂荒耕地再续利用政策有效执行。同时，良好的氛围也有助于凝聚全社会的共识和共同行动，形成政府、农民和社会各方共同推进撂荒耕地再续利用工作的合力，最终实现撂荒耕地的高效利用和农业生产的可持续发展。

3. 金融服务。金融服务是指政府通过融资、贷款、保险等多种方式对撂荒耕地再续利用工作进行风险兜底，促进撂荒耕地再续利用政策的发展。撂荒耕地再续利用政策中，金融服务作为一种重要的支持方式，旨在为经营主体提供资金支持和风险保障，鼓励他们积极参与撂荒耕地再续利用。首先，地方政府可以通过融资渠道，吸引社会资本和金融机构参与撂荒耕地再续利用项目投资，例如招商引资、乡贤捐款或投资、探索财政补助等。其次，政府还可以与银行等金融机构合作，开展贷款业务，为相关主体提供低息贷款，帮助他们解决资金短缺问题。最后，政府可以推出撂荒耕地再续利用保险政策，为经营主体提供对自然灾害、市场波动等风险的保障，确保他们在遭受意外损失时不至于陷入经济困境，增强他们开展撂荒耕地再续利用的信心和积极性。通过金融服务，降低他们参与撂荒耕地再续利用的成本和风险，促进撂荒耕地再续利用政策落地。

4. 目标规划。目标规划是指政府根据耕地资源利用状况与社会经济发展预期，对撂荒耕地再续利用进行规划，具体内容包括制定撂荒耕地再续利用方案、明确时间期限等。在撂荒耕地再续利用政策中，目标规划是政府推进撂荒耕地再续利用策略的基础和指导，为推动撂荒耕地再续利用提供明确的目标和时间框架。首先，地方政府需要制定撂荒耕地再续利用方案，明确区域范围、作物类型、产业结构等具体内容。制定撂荒耕地再续利用方案也需要充分考虑当地的土地资源状况、农民的实际需求以及产业发展的潜力，确保方案的科学性和可行性。同时，还应与其他农业政策和区域发展规划相衔接，实现撂荒耕地再续利用与农业生产、经济发展良性互动。其次，明确时间期限是实现撂荒耕地再续利用目标的重要措施。政府可以设定明确的时间节点，要求在规定期限内完成撂荒耕地再续利用。

(二) 供给型政策工具

1. 资金投入。资金投入是指政府直接对撂荒耕地再续利用的实施主体和参与者给予财政上的支持，主要包含补贴、免费翻耕、农资供应等。首先，补贴是资金投入的主要方式之一。地方政府对参与撂荒耕地再续利用的经营主体给予一定的经济补贴，以降低成本和风险，具体措施包括减免土地租金、统筹整合财政资金、列支专项资金扶持龙头企业等。其次，免费翻耕是另一种常见的资金投入方式。地方政府可以通过农机服务站等渠道，为农民提供免费的耕地服务。免费翻耕政策可以帮助经营主体更快地投入到撂荒耕地再续利用中，提高效率。此外，资金投入还可以包括对农资供应的支持。地方政府可以通过农资供应平台，为经营主体提供优质、低价的农资产品，例如种子、化肥、农药等。农资供应的支持可以增强农民对撂荒耕地再续利用的信心，降低农资购买成本。

2. 技术支持。技术支持是指政府为撂荒耕地再续利用主体提供技术指导服务。首先，政府可以组织专业技术人员开展培训和指导服务。通过举办培训班、讲座和技术交流会等活动，向农民介绍新的农业科技成果和种植技术，提供技术指导和解答疑惑。同时，政府还可以建立技术支持团队，派遣技术专家到村庄为农民提供现场指导和咨询服务，解决农民在撂荒耕地再续利用过程中遇到的技术问题。此外，政府可以鼓励农民采用先进的农业装备和设施，提高农业生产的自动化水平和生产效率。例如，推广智能化农机具、温室大棚、节水灌溉系统等。

3. 就业支持。就业支持是指政府出台系列支持政策鼓励农民工在本地就业，以缓解农村劳动力闲置和流失的问题，同时促进撂荒耕地再续利用顺利推进，具体措施包括加强就业指导、鼓励群众在本地企业就业和鼓励本地青年返乡创业等。首先，政府可以加强就业指导服务，提供职业培训和就业指导，帮助农民了解就业市场的需求和机会，提升他们的就业技能和竞争力。其次，政府可以鼓励群众在本地企业就业和支持本地青年返乡创业。通过出台税收优惠政策、金融扶持政策等，吸引企业在农村地区设立工厂和企业，提供更多的就业机会。同时，鼓励本地青年返乡创业，推动农村创业环境的改善。

4. 基础保障。基础保障是指政府注重撂荒耕地再续利用区域农业基础设施的维护与改进，改善耕地耕作条件。在撂荒耕地再续利用政策中，基础保障是实现撂荒耕地再续利用顺利进行的重要保障措施，旨在为农民提供优质的农田资源和便利的农业生产条件，措施包括高标准农田建设、灾毁农田修复、宜机化改造等。

5. 公共服务。为撂荒耕地再续利用的有序开展提供配套公共服务，旨在促进撂荒耕地再续利用。首先，土地流转是公共服务的重要组成部分，通过政府支持和引导，为土地流转提供便捷的交易平台，促进撂荒耕地流转和集约化利用。其次，农业社会化服务是公共服务的重要内容，通过政府的支持，培育农业社会化服务组织，建立农事服务超市，提供专业化、标准化、社会化的农业生产服务。此外，购销服务也是公共服务的重要方面，通过政府的支持，鼓励农民组织开展统一的农产品购销活动，提高农产品的市场竞争力。政府可以设立农产品购销平台，为农民提供市场信息和交易服务，帮助农民销售农产品，提高收入水平。

（三）需求型政策工具

1. 政府购买。政府购买是指政府依据法律法规、政策规定及撂荒耕地再续利用实际需求，制定出撂荒耕地再续利用生产的相关产品或服务采购目录，明确需要购买的具体产品或服务的种类和规格。政府购买是撂荒耕地再续利用政策的重要方式之一，旨在通过政府的购买行为，引导和激励更多的社会资源向撂荒耕地再续利用领域倾斜。作为撂荒耕地再续利用政策的一项重要内容，可以充分调动社会各方的积极性和创造性，形成政府、企业、农民等多方合作的良好局面。政府购买可以构建多方共赢的撂荒耕地再续利用机制，引导和规范市场行为，促进农民增收致富。

2. 引领示范。引领示范是指政府设立撂荒耕地再续利用示范点，鼓励党员干部、新型农业经营主体、农业专业合作社等积极参与，发挥先锋模范作用。引领示范是一种重要的政策工具，旨在通过示范点的建设和模范人物的表率作用，引导和激发更多农民积极参与撂荒耕地再续利用。首先，政府设立撂荒耕地再续利用示范点是引领示范的重要举措之一。示范点是选取农业生产中典型的、成熟的撂荒耕地再续利用项目，集中展示和宣传先进的生产技术和管理经验，让农民可以目睹生产成果，增强他们参与撂荒耕地再续利用的信心和动力。其次，政府还鼓励党员干部、新型农业经营主体、农业专业合作社等积极参与撂荒耕地再续利用。党员干部应当发挥先锋模范作用，带领群众开展撂荒耕地再续利用。新型农业经营主体和农业专业合作社拥有较多的土地资源和农业生产经验，容易形成示范效应和带动效应。

3. 服务外包。服务外包是指政府将撂荒耕地再续利用工作委托给新型农业经营主体、企业或其他社会组织等。例如，政府可以通过招标、竞争性谈判等方式，选择合适的新型农业经营主体、企业或其他社会组织，委托他们承担撂荒耕地再续利用。这些机构往往拥有先进的技术和管理经验，能够提供高效、专业的生产服务。政府与服务外包机构签订合同，明确双方的责任和义务，确保撂荒耕地再续利用顺利进行。

二、撂荒耕地再续利用政策工具分析

通过仔细阅读每一份撂荒耕地再续利用新闻报道，利用频数统计法对新闻报道中出现的各类政策工具进行归类和频数统计，如表6-2所示。

表 6-2　　　　　撂荒耕地再续利用政策工具分布

政策工具类型	次级工具	频数	内部占比（%）	合计占比（%）
环境型	规范管制	1385	45.85	43.89
	氛围营造	1015	33.60	
	金融服务	271	8.97	
	目标规划	350	11.59	
供给型	资金投入	580	24.90	33.84
	技术支持	361	15.50	
	就业支持	2	0.09	
	基础保障	382	16.40	
	公共服务	1004	43.11	
需求型	政府购买	336	21.92	22.27
	引领示范	364	23.74	
	服务外包	833	54.34	
合计	—	6883	—	100.00

当前撂荒耕地再续利用政策体系兼顾了环境型政策工具、供给型政策工具和需求型政策工具，但应用程度有所差异。环境型政策工具数量占到了总体的43.89%，占比最高；其次是供给型政策工具，占比33.84%；而需求型政策工具数量所占比例最低，为22.27%。可见，目前地方政府开展撂荒耕地再续利用更多是通过环境型政策工具来推动进行。

（一）环境型政策工具内部要素搭配不合理

在环境型政策工具中规范管制使用频率最高，占比45.85%；其后氛围营造占比33.60%；金融服务和目标规划相对较少，分别为8.97%和11.59%。这种搭配反映了环境型政策工具在设计和实施中存在一定的不合理之处。

1. 规范管制工具过度依赖。规范管制工具是强制性的政策方式，主要包括压实责任、督察考核、建立惩罚机制等，用于对撂荒耕地再续利用参与主体进行直接管理和强制监督。尽管这些措施有助于确保撂荒耕地再续利用有效推进，但过度依赖规范管制可能导致政策执行过于僵硬，缺乏灵活性，也可能引起部分农民的不满和抵触情绪，对撂荒耕地再续利用的可持续性产生一定的影响。

2. 金融服务缺乏足够重视。金融服务是保障撂荒耕地再续利用政策良性发展的"催化剂",除了直接财政扶持外,还涉及资金的借贷、担保等方面。然而,在目前的政策体系中,金融服务的占比较低,仅为 8.97%。这可能表明政府对于撂荒耕地再续利用中金融支持的重视程度不够,没有充分发挥金融服务的促进作用,导致撂荒耕地再续利用受到资金短缺的制约。

3. 目标规划缺乏持续性。目标规划是指政府在撂荒耕地再续利用过程中设定明确的目标和规划,为再续利用工作提供长期性引导和指导。然而,目前撂荒耕地再续利用政策中目标规划的占比较低,仅为 11.59%。这可能意味着现行政策在撂荒耕地再续利用的规划和指导方面还比较欠缺,地方政府的撂荒耕地再续利用举措更多的是被动地、应急式地来完成上级政府或部门下达的再续利用任务,而前瞻性的政策引导相对不足。

当前撂荒耕地再续利用政策体系中环境型政策工具的内部要素搭配存在不合理之处。过度依赖规范管制可能导致政策执行僵硬;金融服务的重视程度不高可能导致资金短缺;缺乏目标规划可能导致政策缺乏持续性和前瞻性。为了提高撂荒耕地再续利用政策的有效性和可持续性,需要综合考虑不同类型政策工具的运用,并在设计和实施中加强相互协调,以更好地促进撂荒耕地再续利用。

(二)供给型政策工具内部要素搭配不均衡

在供给型政策工具中,不同要素的搭配呈现明显的不均衡。公共服务占比最高,达到 43.11%;其后依次是资金投入占比 24.90%、基础保障占比 16.40%、技术支持占比 15.50%;就业支持使用最少仅占 0.09%。这种搭配反映了供给型政策在支持撂荒耕地再续利用工作中具有以下特征。

1. 公共服务工具频繁使用。公共服务工具占比最高,达到 43.11%。这表明地方政府在推进撂荒耕地再续利用过程中,高度重视土地流转服务组织和农业社会化服务组织的建立和培育工作。地方政府充分意识到土地流转和农业社会化服务对于推动农户参与撂荒耕地再续利用的重要作用,通过建立这些服务组织,能够有效提高撂荒耕地再续利用的规模化和高效性。

2. 资金投入工具重视程度较高。资金投入工具占比为 24.90%,显示地方政府对撂荒耕地再续利用的财政激励措施给予了相当的重视。政府通过提供再续利用补贴、减免土地租金、免费供应农资、免费翻耕土地等激励措施，力图推动撂荒耕地再续利用工作的有序进行，增加农民参与撂荒耕地再续利用的积极性。

3. 基础保障和技术支持工具使用较少。基础保障工具占比为 16.40%，技术支持工具占比为 15.50%，这两种政策工具的使用频率较低。这可能表明地方政府在农业基础设施的管理和维护工作上有待加强，以确保撂荒耕地的基础设施条件满足农业生产的需要。另外，技术支持方面的使用频率较低可能说明中国多数地区仍未建立完善的农业技术服务体系，农业技术人才匮乏，尤其是在镇、乡及以下层级行政区域更为明显。缺乏有效的技术支持可能影响农民的农业生产效率和技术水平，对撂荒耕地再续利用产生一定限制。

4. 就业支持工具几乎未被应用。就业支持工具仅占 0.09%，这表明地方政府在高度重视土地流转、农业社会化服务等公共服务对农业劳动力的替代作用时，低估了作为耕地利用主体的农户在撂荒耕地再续利用过程中的作用和影响。在推进撂荒耕地再续利用工作中，农户应该被视为重要的参与者，通过提供就业支持，鼓励农民在家门口既务农又务工，有助于增加他们参与撂荒耕地再续利用的时间和精力。

5. 供给型政策工具内部要素搭配极不均衡。政府过度依赖公共服务和资金投入工具，尤其对土地流转和农业社会化服务的重视较高，但在基础保障和技术支持方面使用较少，还需加强农业基础设施管理和技术服务的建设。同时，几乎未使用就业支持工具，可能导致对农户主动参与撂荒耕地再续利用激励不足。优化供给型政策工具的内部要素搭配，可以进一步促进撂荒耕地再续利用工作的全面推进和可持续发展。

（三）需求型政策工具内部要素相对集中

中国推进撂荒耕地再续利用的需求型政策工具运用相对弱势，仅占总政策工具数量的 22.27%。具体来看，在需求型政策工具中，占比最高的是服务外包，达到 54.34%；其后依次是引领示范，占比 23.74%；政府购买占比 21.92%。

1. 服务外包在实践中被广泛运用。服务外包是将农业生产、耕地管理等相关服务外包给专业化农业服务企业或其他社会组织，借助市场机制调动社会资源，提高农业生产效率和经济效益。通过服务外包，农户可以将撂荒耕地再续利用相关的工作交给专业机构，专业化的服务有助于提高农业生产水平，减轻负担，提高积极性。

2. 引领示范工具也有不低的使用频率。地方政府通过打造撂荒耕地再续利用示范点、创建现代化农业生产示范基地等方式，针对性地加强对撂荒耕地再续利用主体的服务与扶持，培育壮大相关经济主体，增强辐射带动能力。通过示范项目，可以向其他地区展示成功案例，激发其他主体的参与热情，推动撂荒耕地再续利用工作的扩大和深入。

虽然政府购买在需求型政策工具中起着重要作用，但其在需求型撂荒耕地再续利用政策中的使用比例仅为21.92%，相较于服务外包的高比例，仍有进一步提升的空间。因此，未来地方政府可以进一步加大对政府购买措施的支持力度，优化政策设计，加强与其他政策工具的衔接，提高政府购买的覆盖面和实施效果，以更好地推动撂荒耕地再续利用工作的顺利开展，实现农村经济的可持续发展。政府购买与服务外包、引领示范等需求型政策工具的有机结合，将有助于构建更加完善和有效的撂荒耕地再续利用政策体系，促进中国农村农业的繁荣与发展。

第五节　小　　结

2020～2022年，中国推进撂荒耕地再续利用的县级行政区数量快速增加，依次为128个、177个和336个。这说明，自2020年以来，地方政府响应中央政府政策，持续加大力度推进撂荒耕地再续利用。

当前中国推进撂荒耕地再续利用的县级行政区集中在山区，然后是丘陵，最后是平原。推进撂荒耕地再续利用的县级行政区在空间分布上具有明显的区域特征。主要由2020年江西南部—湖南南部—广东北部、四川东北部和甘肃南部，扩张到2022年的甘肃南部—四川北部东部—重庆西部—贵州北部—广西北部—湖南江西南部—广东北部西部—福建西部一带。

撂荒耕地再续利用只种植粮食作物的县级行政区数量最多，所占比重分别达到了 67.60%；只种植经济作物的县级行政区数量最少，所占比重为 7.94%；撂荒耕地再续利用既种粮食作物又种经济作物的县级行政区数量居中。种植粮食作物是保障粮食安全的重要举措，是地方政府在制定撂荒耕地再续利用政策的优先选项。同时，种植经济作物可以促进特色农业发展和农民增收。地方政府在推进撂荒耕地再续利用时会考虑种植经济作物。

目前中国地方政府推进撂荒耕地再续利用主要是通过环境型政策工具来执行的，在环境型政策工具中规范管制使用频率最高。其次是通过供给型政策工具来推进撂荒耕地再续利用，其中公共服务的使用频率最高，表明地方政府高度重视土地流转服务组织和农业社会化服务组织对推进撂荒耕地再续利用的作用。需求型政策工具较少被应用撂荒耕地再续利用之中，在所有应用的需求型政策工具之中，服务外包的使用频率最高。

|第七章|

农户理性、政策情境与撂荒耕地再续利用

第一节 引 言

当前撂荒耕地再续利用政策尚不完善,地方政府执行撂荒耕地再续利用政策时时常出现偏差,例如,破坏现有林地、道路、生活设施以及填坑平塘等。这种"简单粗暴""一刀切"的干预行为,不仅无助于有效引导农户开展撂荒耕地再续利用,还会极大地削弱农户参与撂荒耕地再续利用的热情。现实中农户进行撂荒耕地再续利用的积极性依然不高,撂荒耕地的现象依然存在,撂荒耕地再续利用面临"政府着急、农户不急"的困局,而农户参与是推进撂荒耕地再续利用的微观基础,迫切需要从农户视角对撂荒耕地再续利用工作展开深入研究。

第二节 理论分析与研究假说

一、理论分析

农户理性是农户在长期农业生产环境和社会制度中形成的意识、态度和看法,构成了农户行为的基本逻辑及以此为基础的行动能力,包含生存理性、经济理性和社会理性三个层次,这三种理性是农户行为选择的价值基础和实践向度(梁伟,2023)。同时,考虑到行为决策过程往往是一个动态、

第七章 农户理性、政策情境与撂荒耕地再续利用

多阶段的过程，由态度、情境和行为本身共同影响，包括政策在内的情境因素在其中扮演着重要角色（Guagnano et al.，1995）。以态度—情境—行为为逻辑主线，依托理性选择理论、农户行为理论和态度—情境—行为等理论，构建农户理性视角下的撂荒耕地再续利用及政策干预理论模型，分阶段对农户撂荒耕地再续利用行为决策及其政策干预展开研究。首先，从农户理性视角出发，根据"农户理性—再续利用意愿—再续利用行为"的逻辑框架，深入探究生存理性、经济理性、社会理性及行为效果感知对农户撂荒耕地再续利用意愿与再续利用行为的影响；其次，基于"再续利用意愿—政策情境—再续利用行为"逻辑框架，进一步分析政策情境因素在农户撂荒耕地再续利用意愿与再续利用行为之间的调节作用。具体而言，将生存理性、经济理性和社会理性作为影响农户撂荒耕地再续利用意愿的直接前因，同时将行为效果感知纳入理论模型作为影响农户撂荒耕地再续利用意愿和再续利用行为的影响因素；环境型政策、供给型政策、需求型政策则作为影响农户撂荒耕地再续利用意愿与再续利用行为之间关系的主要外部情境因素，构建的农户理性视角下的撂荒耕地再续利用及政策干预理论模型如图7-1所示。

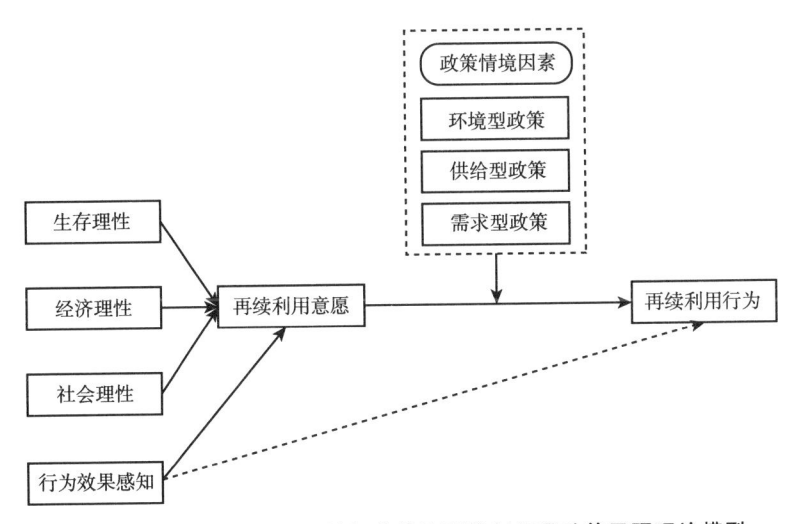

图7-1 农户理性视角下的撂荒耕地再续利用及政策干预理论模型

生存理性、经济理性和社会理性是影响农户撂荒耕地再续利用意愿的直接前因。首先，生存理性主要指农户对自身生存和家庭利益的关注和重视程

度。在面对撂荒耕地再续利用决策时,农户首先需要考虑的是能否维持自己和家庭的生存和发展,而决定耕地是否再续利用也是为了满足这一基本需求。其次,经济理性主要指农户对自身经济利益的关注和重视程度。在资源有限的情况下,农户需要通过合理配置资源来实现最大化的效益。因此,农户会通过考虑耕地再续利用的收益和成本来决策。如果农户认为再续利用能够增加收益、降低成本,从而提高经济效益,那么就会倾向于再续利用;反之,则会倾向于撂荒。最后,社会理性主要指农户对社会关系、社会影响和社会责任的关注和重视程度。农户不仅需要考虑自身利益,还需要考虑与邻居、村民和整个社会的关系,以及对环境和资源的责任。如果农户认为再续利用有益于社会公共利益,能够获得社会认可和尊重,那么他们就更有可能愿意再续利用。

行为实施后产生的行为效果感知对再续利用意愿与再续利用行为具有反馈作用。根据社会认知理论和态度—情境—行为理论,人的行为不仅仅是受到态度和情境等因素的影响,而且还受到行为本身所带来的结果和反馈的影响。人们的行为决策往往受到先前行为结果的影响,人们会通过对自己的行为结果进行感知、评价和反思,从而修正和调整自己的主观意愿与行为。具体来说,在农户参与撂荒耕地再续利用后,如果再续利用获得了成功的结果,例如提高了农作物产量、改善了生计等,农户就会获得对该行为正向的效果感知,并将其视为一种积极的行为体验,这种积极体验一方面会增强农户的撂荒耕地再续利用意愿,另一方面也会直接提高农户再续利用撂荒耕地的发生率;反之,如果再续利用获得了失败的结果,例如再续利用的耕地仍无法得到很好的利用,农户就会获得一种负面的行为体验,这种负面体验则会减弱农户再续利用撂荒耕地的意愿与行为发生率。

农户撂荒耕地再续利用行为受到再续利用意愿的直接影响。意愿是行为产生的基础,也是行为产生的前置条件(万亚胜,2017)。计划行为理论将行为意愿定义为个体倾向于做某一行为的强烈程度,认为人的行为是有意识的、有目的性的,行为意愿受到认知、情感和社会因素等多种因素的影响(Ajzen,1991)。同时,态度—情境—行为理论强调,个体的行为受到态度、情境和行为本身三个主要因素的影响,个体在实施行为之前,会结合现有信息,综合考虑实施行为之后的意义和后果,最后实施行动(Guagnano et al.,

1995）。因此，对于农户撂荒耕地再续利用行为而言，一方面会受到再续利用意愿的直接影响，同时还受到各类外部情境因素的调节作用。

政策情境因素是影响农户撂荒耕地再续利用意愿与再续利用行为之间关系的主要外部情境因素。外部情境因素会促进或制约再续利用意愿向实际再续利用行为的转化。提出的态度—情境—行为模型认为，行为的决策过程是一个动态的、多阶段的过程，由态度和情境共同影响，从而影响个人的行为。具体来说，个体首先会形成对特定行为的态度，然后考虑当前情境下的各种因素，最终决定是否采取这个行为。在这个模型中，情境被认为是决策过程中最重要的因素之一，它可以调节个体的态度和行为之间的关系，而当外界情境因素足够强烈时，个体的态度和行为也会随之改变。现实中，在中国撂荒耕地再续利用工作主要是由政府推动这一背景下，政府在其中扮演着发起者和主导者的角色，政府行为是影响农户撂荒耕地再续利用意愿与再续利用行为之间关系的主要外部情境因素。

二、研究假说

根据上节构建的农户理性视角下的撂荒耕地再续利用及政策干预理论模型，针对理论模型揭示的农户撂荒耕地再续利用行为过程中的主要驱动因素及作用关系提出四组研究假说。分别为农户理性对农户撂荒耕地再续利用意愿的影响假说、行为效果感知对再续利用意愿与再续利用行为的反馈机制假说、再续利用意愿对再续利用行为的影响假说、政策情境因素的调节效应假说。

（一）农户理性对撂荒耕地再续利用意愿的影响假说

在构建的理论模型中，基于理性选择理论从理性行动的三个层次出发，分析生存理性、经济理性与社会理性对农户撂荒耕地再续利用意愿的影响。首先，对于生存理性，在撂荒耕地再续利用行为决策中，农户会优先考虑自身的生存与安全，其土地利用决策会趋向于选择安全性更高的土地利用方式，例如再续利用撂荒耕地，以保障基本生计需求和规避风险。尤其是在当前中国农村社会保障体系不完善、外出务工农民失业风险高且多数农民工并未享受到城市社会保障的情况下,再续利用撂荒耕地仍然是农户保障自身生计和应对各种风险与不确定性的一种理性选择,因此生存理性正向影响农户撂荒耕地再续利用意愿。

其次,就经济理性而言,在撂荒耕地再续利用行为决策中,农户会考虑到再续利用撂荒耕地带来的经济利益和成本,以决定是否再续利用撂荒耕地。现实中,农业是一种弱质产业,比较利益低下,种地、种粮不赚钱是多数农户尤其是小农户的普遍共识,对于这些农户而言单纯地从事农业生产无法满足其养家糊口的基本诉求,而更倾向于外出务工或经商,撂荒耕地再续利用意愿相对较弱。

最后,对于社会理性,在撂荒耕地再续利用行为决策中,农户行为受到社会习俗、制度、规范、情感和意志的制约,其不仅需要考虑自身利益,还需要考虑与邻居、村民和整个社会的关系,以及对环境和资源的责任。正如费孝通(2021)所言,中国社会是"乡土性"的,而"乡土性"在农村地区尤为明显,乡村是一种熟人社会,是以血缘和地缘编制成的一个相通的网络,村民之间相互熟悉,人与人之间的联系和影响格外强烈。加之,当前中国上至中央政府下至地方村委,都在大力提倡和推进撂荒耕地再续利用工作,撂荒耕地再续利用已经成为一种有益于社会公共利益,能够获得社会认可和尊重的负责任行为表现。因此,撂荒耕地再续利用是农户获得社会认可、亲友尊重的一种有益的行为选择,生存理性正向影响农户撂荒耕地再续利用意愿。

基于此,提出如下假说:

H7-1:生存理性对农户撂荒耕地再续利用意愿具有显著的正向影响。

H7-2:经济理性对农户撂荒耕地再续利用意愿具有显著的负向影响。

H7-3:社会理性对农户撂荒耕地再续利用意愿具有显著的正向影响。

(二)行为效果感知对撂荒耕地再续利用意愿与再续利用行为的反馈机制假说

农户实施撂荒耕地再续利用行为后,会根据其耕作成果的好坏、经济效益的高低、社会认可度等因素的感知行为效果,影响其继续再续利用的意愿和未来再续利用行为的发生率。在撂荒耕地再续利用过程中,当农户在再续利用撂荒耕地后获得了收益的增加、心理上的满足感和成就感等积极的反馈时，一方面他们的撂荒耕地再续利用意愿会显著提高；另一方面他们也会更加倾向于继续再续利用撂荒耕地。基于此，提出如下假说：

H7-4：行为效果感知对农户撂荒耕地再续利用意愿和再续利用行为具有显著的正向影响。

（三）撂荒耕地再续利用意愿对再续利用行为的影响假说

意愿是行为的先导，对行为有着直接的指导作用。在现有研究中，罗文斌等（2023）研究农户土地旅游化利用行为的驱动机制，发现"意愿—行为"机制在其中占主导地位；高原等（2021）研究贫困地区农户宅基地有偿退出行为的影响路径，验证了农户宅基地有偿退出行为的"退出意愿—退出行为"作用机制。并且张占录等（2021）在研究农户土地流转行为的作用机制过程中，也同样发现了上述机理。基于此，提出如下假说：

H7-5：农户撂荒耕地再续利用意愿对撂荒耕地再续利用行为具有显著的正向影响。

（四）政策情境因素的调节效应假说

外部情境因素是影响农户撂荒耕地再续利用意愿与再续利用行为转化关系的重要因素，考虑到现行撂荒耕地再续利用主要由政府推动的实际情况，将政策情境因素作为撂荒耕地再续利用的主要外部情境因素，分析政策情境因素对农户撂荒耕地再续利用意愿与再续利用行为之间关系的调节效应，具体包含环境型、供给型和需求型三类政策情境。

1. 环境型政策情境对于撂荒耕地再续利用的促进作用并不直接表现，而是作为一种外部因素对撂荒耕地再续利用的发展起到间接的影响或渗透作用，主要表现为对激发农户或其他新型农业经营主体撂荒耕地再续利用热情的影响。政府借助金融服务、政策宣传、目标规划和强制收回等政策措施为撂荒耕地再续利用提供广阔的平台和空间，营造浓厚的再续利用氛围，为推动撂荒耕地再续利用工作的开展与创新奠定坚实基础。

2. 供给型政策情境是指政府在撂荒耕地再续利用过程中，即再续利用前的统一规划、再续利用中的农机调配与基础保障、再续利用后的使用以及管护，提供资金、技术、信息等要素支持，扩大撂荒耕地再续利用的横截面和纵截面，助推撂荒耕地再续利用工作的可持续发展。具体来说，政府通过提供技术、资金、信息、基础设施等支援，改善撂荒耕地再续利用相关要素的供给状况，为撂荒耕地再续利用高效、可持续的发展提供全方位的资源保障，在形式上主要表现为资金投入、技术支持、就业支持、基础保障等。

3. 对于需求型政策情境，需求型政策工具主要直接作用于市场维度（Rothwell and Zegveld，1981），政府通过公共服务（外包服务）、政府购买、示范引领等举措扶持、培育与撂荒耕地再续利用相关的服务项目或市场，为再续利用工作的实施注入新的活力，进而影响耕地经营主体或区域耕地生产系统需求来拉动撂荒耕地再续利用工作的开展。

基于此，提出如下假说：

H7-6：环境型政策情境对农户撂荒耕地再续利用意愿转化为再续利用行为具有显著的正向调节作用。

H7-7：供给型政策情境对农户撂荒耕地再续利用意愿转化为再续利用行为具有显著的正向调节作用。

H7-8：需求型政策情境对农户撂荒耕地再续利用意愿转化为再续利用行为具有显著的正向调节作用。

第三节　研究方法与数据来源

一、问卷设计

问卷调查是收集社会现象数据的一种常用方法，问卷量表的设计质量直接影响调查数据的真实性和适用性，对整个研究结果具有决定性的影响。只有在问卷量表设计得当的情况下，才能获得客观、可靠、有价值的研究结论。根据以往研究农户意愿的问卷设计（万亚胜等，2017；张占录等，2021；颜玉琦等，2021），在结合研究目的以及大量阅读撂荒耕地再续利用相关文献的基础上，确定最终问卷内容。为确保调研获得的结果科学、可靠，调研员采取匿名方式随机地在满足调研条件的区域内抽取相关农户进行访谈。由于本次调查的研究对象是村里有撂荒现象且家里分有承包耕地的农户，因此采用问卷调查的方式进行农户访谈。

本次农户撂荒耕地再续利用行为问卷调查，主要围绕农户撂荒耕地再续利用意愿感知状况、政策情境因素、农户基本信息和家庭特征、耕地资源利用状况、村庄特征五个部分展开。

第一部分是农户撂荒耕地再续利用意愿感知状况调查量表。根据被访谈农户的个人主观意愿，完成农户撂荒耕地再续利用意愿感知状况调查量表。主要包括再续利用意愿、农户理性（生存理性、经济理性、社会理性）、行为效果感知三个方面，共5个潜变量。首先，为了保证结构方程模型的可识别性和后续分析的可行性，每个潜变量都设置了2~4个测量题项，共计15个测量题项；其次，为保证受访农户能够较为精准地对每个测量题项进行打分，每个题项的选项依据李克特五级量表设置，计分从"1"~"5"代表农户对该题项的认可程度逐渐增加。

第二部分是政策情境因素调查量表。此部分问卷同样采用李克特五级量表的形式，对环境型政策、供给型政策、需求型政策等三类政策情境进行测度，共计11个测量题项，计分从"1"~"5"代表农户对该题项的认可程度逐渐增加。

第三部分是农户基本信息和家庭特征。此部分问卷包括农户的性别、年龄、健康状况、文化程度、务农程度、务工地点、务工收入等；除此之外，还包括家庭总人口、小孩和老人数量、家庭总收入、务农收入、家里是否有人参加农技培训、家里是否有党员、家里是否有村干部等家庭特征。

第四部分是农户耕地资源利用状况。根据农户耕地资源配置的实际情况进行填写，包括家庭承包耕地数量、实际经营耕地数量、是否撂荒过耕地、撂荒前是否种粮、撂荒耕地数量、是否再续利用撂荒耕地、再续利用撂荒耕地数量、再续利用后是否种粮、再续利用时间、再续利用方式、是否长期使用等题项。

第五部分是村庄特征。此部分问卷用于了解调查区域的区位、地形等基本特征，包括村庄区位条件和村庄地形。

农户撂荒耕地再续利用行为调查问卷的结构和内容如表7-1所示。

表7-1　农户撂荒耕地再续利用行为调查问卷的结构和内容

部分	主题	基本内容
1	农户撂荒耕地再续利用意愿感知状况调查量表	生存理性、经济理性、社会理性、行为效果感知、再续利用意愿
2	政策情境因素调查量表	环境型政策情景因素、供给型政策情境因素、需求型政策情境因素
3	农户基本信息与家庭特征	性别、年龄、健康状况、教育程度、务农程度、家里是否有党员等
4	耕地资源利用状况	承包耕地数量、实际经营耕地数量、是否撂荒、撂荒数量、是否再续利用、再续利用数量、再续利用后是否种粮、再续利用方式
5	村庄特征	村庄地形、区位条件

二、变量的定义与测量

基于理性选择理论、农户行为理论、政策工具理论和态度—情境—行为理论，结合撂荒耕地再续利用的现实情况，设置了农户理性（生存理性、经济理性、社会理性）、行为效果感知、政策情境因素（环境型政策、供给型政策、需求型政策）、再续利用意愿以及再续利用行为等9个主要测量指标。为了充分了解各变量的含义，需要对其进行定义。

（一）生存理性

经济学中，生存理性指个体遵循"安全第一"的准则，为了维持自身的生存而采取的理性行动。其中农户撂荒耕地再续利用的生存理性是指农户为了保障基本生计需求和规避风险，而倾向于再续利用撂荒耕地。主要从四个方面加以测量（见表7-2）。

表7-2　农户撂荒耕地再续利用的生存理性测量

变量	测量题项	题项含义
生存理性	为满足家庭的消费需求，我会再续利用撂荒耕地	生活保障
	农村养老和医疗保障水平低，我会再续利用撂荒耕地	社会保障
	感到自己可能失去工作时，我会再续利用撂荒耕地	工作保障
	感到未来粮食、蔬菜等的价格可能上涨时，我会再续利用撂荒耕地	价格保障

(二) 经济理性

经济理性主要指农户对自身经济利益的关注和重视程度。其中农户撂荒耕地再续利用的经济理性是指农户在面对撂荒耕地再续利用决策时，综合考虑撂荒耕地再续利用的收益和成本，以利益最大化为原则来决定是否再续利用。主要从四个方面加以测量（见表7-3）。

表7-3　　　　农户撂荒耕地再续利用的经济理性测量

变量	测量题项	题项含义
经济理性	如果可以种植收益更高的经济作物，我会再续利用撂荒耕地	种植收益
	如果不影响打工赚钱，我会再续利用撂荒耕地	兼业收入
	我会优先再续利用农业基础设施较好的撂荒耕地	节约人力
	我会优先再续利用肥沃的撂荒耕地	节约肥力

(三) 社会理性

社会理性主要指农户对社会关系、社会影响和社会责任的关注和重视程度。其中农户撂荒耕地再续利用的社会理性指的是，农户会因撂荒耕地再续利用的政策推广和其他农户的态度、行为等因素，而影响其撂荒耕地再续利用意愿。主要从两个方面加以测量（见表7-4）。

表7-4　　　　农户撂荒耕地再续利用的社会理性测量

变量	测量题项	题项含义
社会理性	我觉得应该积极响应撂荒耕地再续利用政策	响应政策
	如果周围的人都再续利用撂荒耕地，我也会再续利用撂荒耕地	从众心理

(四) 行为效果感知

行为效果感知是指个体会根据行为实施后的结果进行感知、评价和反思，从而修正和调整自己的主观意愿与行为。其中农户撂荒耕地再续利用行为效果感知指的是在撂荒耕地再续利用决策中，农户会根据上次再续利用撂荒耕地形成的情感、价值等方面的感知，影响继续再续利用的意愿和再续利用行为的发生率。主要从两个方面加以测量（见表7-5）。

表7-5　　　　　　　农户撂荒耕地再续利用行为效果感知测量

变量	测量题项	题项含义
行为效果感知	再续利用撂荒耕地，我会感到很高兴	情感反馈
	再续利用撂荒耕地给我带来了经济上的收益	价值实现

（五）再续利用意愿

行为意愿是指个体倾向于做某一行为的强烈程度。撂荒耕地再续利用过程中，农户根据自身实际情况，最终决定撂荒耕地再续利用的概率和可能性。主要从三个方面加以测量（见表7-6）。

表7-6　　　　　　　农户撂荒耕地再续利用意愿测量

变量	测量题项	题项含义
再续利用意愿	我愿意再续利用撂荒耕地	主动利用
	我愿意配合政府/村集体组织的撂荒耕地再续利用行动	被动利用
	我愿意长期耕种再续利用后的撂荒耕地	长期利用

（六）再续利用行为

撂荒耕地再续利用行为是指农户重新开垦、利用之前撂荒的耕地进行耕种的行为。主要从农户是否再续利用过耕地和在多大程度上再续利用了耕地两个维度进行衡量，其中再续利用程度为农户撂荒耕地再续利用面积与实际撂荒耕地面积的比值，如表7-7所示。

表7-7　　　　　　　农户撂荒耕地再续利用行为测量

变量	测量题项	题项含义
再续利用行为	你是否已经再续利用撂荒耕地	是否再用
	你在多大程度上再续利用了撂荒耕地（再续利用面积/撂荒面积）	再用比例

（七）环境型政策情境

撂荒耕地再续利用的环境型政策情境，是指政府借助金融、税收、规划和法规管制等政策，为农户参与撂荒耕地再续利用提供有力支撑和广阔平台，营造浓厚的再续利用氛围，从而为推动撂荒耕地再续利用工作的开展与创新奠定坚实基础。主要从四个方面加以测量（见表7-8）。

表7-8　　　　　农户撂荒耕地再续利用环境型政策情境测量

变量	测量题项	题项含义
环境型政策	如果撂荒耕地不再续利用会被收回，我会再续利用撂荒耕地	强制收回
	如果村干部到我家宣传撂荒耕地再续利用政策，我会再续利用撂荒耕地	氛围营造
	如果政府出台保险政策对撂荒耕地进行风险兜底，我会再续利用撂荒耕地	金融服务
	如果政府/村集体对撂荒耕地再续利用有明确的种植经营规划，我会再续利用撂荒耕地	目标规划

（八）供给型政策情境

撂荒耕地再续利用的供给型政策情境，是指政府在撂荒耕地再续利用过程中，提供资金、技术、信息、基础设施等要素支持，扩大撂荒耕地再续利用的横截面和纵截面，助推撂荒耕地再续利用工作的可持续发展。主要从四个方面加以测量（见表7-9）。

表7-9　　　　　农户撂荒耕地再续利用供给型政策情境测量

变量	测量题项	题项含义
供给型政策	如果政府/村集体提供奖励/补贴，我会再续利用撂荒耕地	奖补激励
	如果政府/村集体提供技术指导服务，我会再续利用撂荒耕地	技术支持
	如果我能在本地就业，我会再续利用撂荒耕地	就业支持
	如果完善机耕路、灌溉设施等农业基础设施，我会再续利用撂荒耕地	基础保障

（九）需求型政策情境

撂荒耕地再续利用的需求型政策情境，是指政府通过外包服务、政府购买和示范引领等举措扶持、培育与撂荒耕地再续利用相关的服务项目或市场，为再续利用工作的实施注入新的活力，进而影响耕地经营主体或区域耕地生产系统需求来拉动撂荒耕地再续利用工作的开展。主要从三个方面加以测量（见表7-10）。

表7-10　　　　　　农户撂荒耕地再续利用需求型政策情境测量

变量	测量题项	题项含义
需求型政策	如果容易购买机械服务，我会再续利用撂荒耕地	外包服务
	如果政府/村集体出钱翻耕撂荒耕地，我会再续利用撂荒耕地	政府购买
	如果有人带头再续利用撂荒耕地，我会再续利用撂荒耕地	示范引领

三、数据来源与样本特征

（一）数据来源

本研究采用的数据来源于课题组2022年12月~2023年2月组织的在校大学生春节返乡农户撂荒耕地再续利用行为问卷调查。具体而言，在正式调研之前，课题组组织了一次农户撂荒耕地再续利用行为问卷调查网络培训，旨在帮助调研员更好地理解问卷中各题项的含义，提高调查问卷填写质量。之后，调研通过线上指导与实地调查相结合的方式，由在校大学生对其所在区域，村里有撂荒现象且家里分有承包耕地的农户进行"一对一"半结构化访谈。调查内容包括农户撂荒耕地再续利用意愿感知状况、政策情境因素、农户基本信息和家庭特征、耕地资源利用状况、村庄特征等方面信息。最终，共收集到504份问卷，经过筛选和清洗后，有效问卷数量为476份，问卷有效率为94.4%。本次调研的有效样本区域分布情况如表7-11所示。

表7-11　　　　　　　　有效样本分布情况

序号	地理区域	有效样本量（份）	比例（%）
1	山西	101	21.21
2	江西	95	19.96
3	陕西	99	20.80
4	安徽	92	19.33
5	湖南	89	18.70

此外，为提高调研数据质量，本次调研数据获取采用的是电子问卷与实地调查相结合的方式，通过问卷星平台，制作电子问卷，由调研员在对农户进行一对一访谈过程中直接通过手机、平板等工具在电子问卷中作答。采取此方式收集数据，主要基于以下几方面的考量：（1）问卷星平台具有答题时间记录功能，能够准确记录每份问卷的填写时间；（2）防止调研员漏填、不填的现象发生，当调研员漏填了某个问题时，则无法提交问卷；（3）避免了繁杂的数据录入工作，使得研究者可以更加专注于数据的清理与筛选；（4）提高调研员问卷调查时的便利性，例如春节期间外出走访时调研员可以随时随地展开调研工作。最后，本研究有效问卷的筛选原则为：（1）根据试测时的实践，完成问卷时间应不低于6分钟，在6分钟内完成的问卷视为无效问卷；（2）剔除重复选项过多，且选项间存在自相矛盾的问卷。

（二）个体特征

有效样本中受访农户的个体特征如表7-12所示，包括性别、年龄、教育程度、健康状况、务农程度等五个方面。在性别方面，调查访问的对象以男性为主，受访农户中72.69%是男性；27.31%是女性。在年龄分布方面，受访农户平均年龄为51岁，40~50岁的受访农户有172人，占到样本总数的36.13%；而50岁以上的受访农户有219人，占到样本总数的46.01%，说明了农村劳动力老龄化趋势明显。在教育程度方面，受访农户的教育程度相对较低，大多数仅受过小学或初中教育，占总样本数的比例分别为36.76%和31.09%；具有高中及以上学历的人只占总样本数的19.54%。在健康状况方面，绝大部分受访农户处于健康或基本健康状态，占样本总数的93.70%；只有极少数农户身体状况欠缺，处于不健康但生活能自理或生活不能自理状态，占样本总数的6.30%。在务农程度方面，多数农户存在兼业情况，受访农户中以务农为主、务工为主的农户分别占样本总数的25.21%、46.01%；而纯务农、纯务工农户相对较少，分别占样本总数的15.55%、7.77%，说明兼业化已经成为中国农村社会的一种普遍现象。

表7-12　　　　　　　有效样本中受访农户个体特征

变量	类别	频数	频率（%）	标准差
性别	1=男	346	72.69	0.45
	0=女	130	27.31	
年龄	<40	85	17.86	12.08
	[40, 50]	172	36.13	
	(50, 60]	104	21.85	
	(60, 70]	84	17.65	
	>70	31	6.51	
教育程度	1=没上过学	60	12.61	1.17
	2=小学	175	36.76	
	3=初中	148	31.09	
	4=高中	61	12.82	
	5=大专及以上	32	6.72	
健康状况	1=健康	233	48.95	0.62
	2=基本健康	213	44.75	
	3=不健康但生活能自理	29	6.09	
	4=生活不能自理	1	0.21	
务农程度	1=无劳动能力	26	5.46	1.01
	2=纯务农	74	15.55	
	3=务农为主	120	25.21	
	4=务工为主	219	46.01	
	5=纯务工	37	7.77	

（三）家庭特征

有效样本中受访农户的家庭特征如表7-13所示，包括家庭总人口、劳动力数量、家庭总收入、是否有人参加农技培训、是否有党员或村干部等5个方面。在家庭人口方面，受访农户家庭平均人数为6人，4人以下家庭占样本总数的12.60%；4~6人家庭占样本总数的72.48%；6人以上家庭占样本总数的14.92%。在劳动力方面，农户家庭平均劳动力数量为3人，劳动力数量在3人以下、3~5人以及5人以上的家庭分别占样本总数的28.36%、68.49%、3.15%。在家庭收入方面，受访农户家庭平均年收入为9.08万元，但标准差较大为 6.01，说明农村家庭收入水平差距较大。具体而言，受访农户家庭年收入在 5 万元以下的有 85 户，占样本总数的 17.86%；5 万~10 万元的有 274 户，占样本总数的 57.56%；而 10 万~15 万元、15 万~20 万元以及 20 万元以上的农户数量分别占样本总数的 15.55%、6.09%、2.94%。在是否有人参加农技培训方面，86.97% 的受访农户表示家里未有人参加过农技培训；仅有 13.03% 的农户表示家里有人参加过农技培训。在家里是否有党员或村干部方面，由于当家里有党员或村干部时会影响农户对撂荒耕地再续利用政策的了解程度，也会在一定程度上影响农户参与撂荒耕地再续利用的意愿，因此家里是否有党员或村干部是影响农户是否参与撂荒耕地再续利用的一个重要因素。调研发现，有 96.01% 的农户家庭没有人担任过村干部或是党员；只有 3.99% 的农户家中有人担任过村干部或是党员。

表 7-13　　　　　　　　　受访农户家庭特征状况

变量	类别	频数	频率（%）	标准差
家庭总人口	<4	60	12.60	1.47
	[4, 6]	345	72.48	
	>6	71	14.92	
劳动力数量	<3	135	28.36	1.129
	[3, 5]	326	68.49	
	>5	15	3.15	
家庭总收入/万元	<5	85	17.86	6.01
	[5-10]	274	57.56	
	(10-15]	74	15.55	
	(15-20]	29	6.09	
	>20	14	2.94	
是否有人参加农技培训	是	62	13.03	0.337
	否	414	86.97	
家里是否有党员或村干部	是	19	3.99	0.194
	否	457	96.01	

（四）耕地资源状况及村落特征

有效样本中受访农户的耕地资源状况及村落特征如表 7-14 所示，包括实际经营耕地面积、是否撂荒过耕地、是否再续利用过耕地、撂荒耕地再续利用比例、再续利用后是否种粮、村庄区位条件、村落地形等 7 个方面。在实际经营耕地面积方面，受访农户实际经营耕地面积整体上呈现明显的左偏"U"型曲线分布，主要集中分布在 3 亩以下、3~6 亩、9~12 亩、12 亩以上 4 个区间内，所占比例为 36.97%、21.43%、11.14%、21.85%，说明当前中国农村土地利用情况仍处于小农户向规模户的过渡阶段。在是否撂荒过耕地方面，63.24% 的受访农户表示自己曾经撂荒过耕地；只有 36.76% 的受访农户表示自己未撂荒过耕地。在是否再续利用过耕地方面，受访农户中有 245 户表示自己再续利用过耕地，占样本总数的 51.47%；有 231 户表示未再续利用过耕地，占样本总数的 48.53%。而在撂荒耕地再续利用程度方面，受访农户平均再续利用程度较高为 0.66，其中，再续利用程度低于 0.2 的农户占样本总数的 27.78%。再续利用比例在 0.2~0.8 的农户占样本总数的 10.61%，再续利用比例在 0.8 以上的占样本总数的 61.62%，说明当前农户撂荒耕地再续利用程度呈现出两极分化状态，要么少量再续利用，要么就是全部再续利用。在再续利用后是否种粮方面，绝大多数农户再续利用后均种植粮食作物，占样本总数的 83.84%；少数农户未种植粮食作物，占样本总数的 16.16%。在村庄区位条件方面，本次调研样本数据来自偏远村、城镇附近村和一般村的问卷数量较为均衡，占比分别为 24.79%、38.24%、36.97%。在村庄地形方面，来自平原区域的样本较多，占样本总数的 71.01%；其后依次是丘陵区、山区，占比分别为 18.07%、10.92%。

表 7-14　　　　　　　　　受访农户耕地资源状况及村落特征

变量	类别	频数	频率（%）	标准差
实际经营耕地/亩	<3	176	36.97	10.70
	[3, 6]	102	21.43	
	(6, 9]	41	8.61	
	(9, 12]	53	11.14	
	>12	104	21.85	
是否撂荒过耕地	1=是	301	63.24	0.483
	0=否	175	36.76	

续表

变量	类别	频数	频率（%）	标准差
是否再续利用过耕地	1=是	245	51.47	0.5
	0=否	231	48.53	
撂荒耕地再续利用比例	<0.2	68	27.78	0.44
	[0.2, 0.4]	14	5.56	
	(0.4, 0.6]	10	4.04	
	(0.6, 0.8]	2	1.01	
	(0.8, 1]	151	61.62	
再续利用后是否种粮①	1=是	205	83.84	0.37
	0=否	40	16.16	
区位条件	1=偏远村	118	24.79	0.777
	2=城镇附近村	182	38.24	
	3=一般村	176	36.97	
村落地形	1=平原	338	71.01	0.678
	2=丘陵	86	18.07	
	3=山区	52	10.92	

注：①撂荒耕地再续利用比例和再续利用后是否种粮的样本量为245。

（五）各变量描述统计及正态性检验

表7-15为本书所使用的各变量描述统计分析和正态性检验结果。根据描述统计的分析结果可以看出，受访农户对各测量题项的同意程度存在差异；各个变量的总体均值得分均在3.299~4.135，测量题项总体标准差在0.698~1.122，可以看出受访农户总体上的选择较为积极，虽然个体存在差异性，但从总体上看测量题项的打分整体上波动不大，受访农户选择意向较为一致。根据克利纳（Kline，1998）提出的标准认为，偏度系数绝对值在3以内，峰度系数绝对值在8以内，则可认为数据满足近似正态分布的要求。根据表7-15的计算结果可以看出，各测量题项的偏度和峰度绝对值均严格在标准范围内，满足数据服从近似正态分布的要求。因此，获取的数据符合研究标准，可以继续进行接下来的数据分析。

表 7–15　　有效样本描述性统计及正态性检验结果

维度	测量题项	平均值	标准差	偏度	峰度	总体标准差
再续利用意愿	主动利用	3.560	1.071	-0.432	-0.756	0.872
	被动利用	3.860	0.957	-0.946	0.766	
	长期利用	3.310	1.052	-0.385	-0.512	
生存理性	生活保障	3.880	0.888	-1.006	1.029	0.826
	社会保障	3.570	1.011	-0.629	-0.328	
	工作保障	3.820	0.992	-0.879	0.378	
	价格保障	3.920	0.975	-1.069	0.904	
经济理性	种植收益	4.180	0.867	-1.339	2.168	0.711
	兼业收入	3.840	0.924	-0.920	0.705	
	节约人力	4.250	0.783	-1.556	3.942	
	节约肥力	4.270	0.791	-1.716	4.644	
社会理性	响应政策	3.900	0.841	-0.470	-0.107	0.793
	从众心理	3.510	0.962	-0.422	-0.312	
行为效果感知	情感反馈	3.378	1.210	-0.575	-0.566	1.122
	价值实现	3.220	1.183	-0.558	-0.649	
环境型政策情境	强制收回	4.000	0.866	-0.937	1.000	0.757
	氛围营造	3.560	0.901	-0.329	-0.283	
	金融服务	3.540	1.061	-0.402	-0.675	
	目标规划	3.880	0.911	-0.949	0.900	
供给型政策情境	奖补激励	4.130	0.846	-1.011	1.089	0.767
	技术支持	3.750	0.927	-0.646	-0.005	
	就业支持	3.840	0.972	-0.820	0.251	
	基础保障	3.950	0.895	-0.846	0.452	
需求型政策情境	外包服务	3.620	0.999	-0.492	-0.421	0.828
	政府购买	4.010	0.905	-1.049	1.099	
	示范引领	3.520	0.987	-0.533	-0.136	

四、结构方程模型

结构方程模型（SEM）是一种可以同时分析多组具有相关关系的方程

式，可以解决社会科学领域研究中所涉及的不能准确而直接测量的变量（潜变量）问题，例如情感、意愿、社会认同感等。这种模型通过为这些难以测量的潜变量设定可直接测量的观测变量来达到测量目的（林嵩和姜彦福，2006）。由于研究的农户理性、行为效果感知、撂荒耕地再续利用意愿等变量均难以直接测量，且变量间具有层次关系，因此构建、分析模型的主要方法为结构方程模型。在结构方程模型中主要包括潜变量、观测变量和误差项3个部分，为了探究这3个部分之间的关系，结构方程模型可分为测量模型和结构模型。其中，测量模型主要用于描述潜变量与测量变量之间的关系，关系式如下：

$$X = \Lambda_x \xi + \delta \quad (7-1)$$

$$Y = \Lambda_y \eta + \varepsilon \quad (7-2)$$

式（7-1）和式（7-2）中，X 为外生观测变量，Y 为内生观测变量，Λ_x 表示 X 与 ξ 之间的因子载荷，Λ_y 表示 Y 与 η 之间的因子载荷，δ 和 ε 为相应观测变量的误差项。

潜变量之间关系的关系式为：

$$\eta = B\eta + \Gamma\xi + \zeta \quad (7-3)$$

式（7-3）中，η 表示内生潜变量、ξ 表示外生潜变量，B 和 Γ 为路径系数，B 表示内生潜变量之间的关系，Γ 表示外生潜变量对于内生潜变量值的影响，ζ 为结构方程的误差项。

五、调节效应模型

调节效应分析是社会科学领域的重要研究方法，用于探索多个变量之间的关系，若因变量 Y 和自变量 X 的关系受第三个变量 Z 的影响而产生变化，则称 Z 在 X 和 Y 之间发挥调节作用（方杰等，2015），调节效应分析回归方程具体如下：

$$Y = aX + bZ + cXZ + e \quad (7-4)$$

式（7-4）中，若交互项 XZ 回归系数 c 显著，则表示调节效应显著。通过对自变量和调节变量之间交互作用的探究，可以更加全面地了解自变量对因变量的影响，并为制定更有效的政策提供理论支持。其中，通过分析政策情境因素对农户撂荒耕地再续利用意愿与再续利用行为之间转化关系的调节作用，以更好地了解再续利用政策的作用机理，为撂荒耕地再续利用政策的科学合理制定提供决策支持。

第四节 农户理性与撂荒耕地再续利用

一、结构方程模型的信度效度检验

（一）信度分析

研究中主要因素均通过多个测量题项进行测量，因此对测量结果的数据质量进行检验是保证后续分析具有意义的重要前提。信度检验是对量表可靠性和一致性的评价，用以反映测量结果的稳定性（Bagozzi and Yi, 1988）。以往研究中常采用克朗巴哈系数（Cronbach's α）来衡量问卷的信度。Cronbach's α 系数取值范围在 0~1 之间，检验结果系数值越高，信度越好。通常认为信度系数在 0.6 以下则认为不可信，需要重新设计问卷或者尝试重新收集数据并再次进行分析。信度系数在 0.6~0.7 为可信；在 0.7~0.8 为比较可信；在 0.8~0.9 为很可信；在 0.9~1 为非常可信。在本次分析中，信度检验结果如表 7-16 所示，结果表明生存理性、经济理性、社会理性、行为效果感知、再续利用意愿、环境型政策情境、供给型政策情境、需求型政策情境等变量的信度系数均在 0.648~0.862，表明量表数据一致性和稳定性较好，测量数据是可信的。

表 7-16　　　　农户撂荒耕地再续利用测量题项信度

潜变量	Cronbach's α 系数	项数
再续利用意愿	0.812	3
生存理性	0.855	4
经济理性	0.805	4

续表

潜变量	Cronbach's α 系数	项数
社会理性	0.648	2
行为效果感知	0.862	2
环境型政策情境	0.797	4
供给型政策情境	0.826	4
需求型政策情境	0.800	3

（二）效度分析

效度是用于衡量设计的潜变量测量题项在多大程度上能够代表其所测量的事物，是对量表的正确性和有效性的评价。采用结构方程模型中的验证性因子分析（CFA）对问卷效度进行检验，具体检验内容包括模型适配度检验、收敛效度和组合信度检验、区分效度检验。其中，模型适配度检验用来检验建立的测量模型是否与实际观测数据相符合，以确定模型是否具有较好的拟合度。如果模型拟合良好，说明模型具有一定的可解释性和预测能力，可以进行下一步分析。如果模型拟合度不理想，需要对模型进行修正或重新构建，以提高模型的适配度；收敛效度是指测量模型中的各个指标（即测量项）之间是否存在较高的相关性，或者说它们是否能够"收敛"到同一个潜在变量上；组合信度检验用于测量同一维度中各测量题项之间的内部一致性；区分效度用于评估不同测量维度之间的差异性，以确定各测量维度是否能够独立地测量目标概念，而不受其他测量工具或维度的影响。

同时，在结构方程模型中，如果因变量测量题项包含虚拟变量，在进行验证性因子分析时通常不会将该虚拟变量纳入因子分析中。这是因为虚拟变量只有两种取值，与其他连续变量有很大差别，难以被纳入因子分析中与其他变量一起共同考虑。对于虚拟变量作为因变量的情况，其纳入或不纳入因子分析中并不会对模型适配度的检验结果产生太大影响，因为模型适配度的检验主要基于其他连续变量的方差－协方差矩阵（Wu and Estabrook，2016）。因此，在进行模型适配度检验时不纳入再续利用行为变量，模型检验结果如表7－17所示。

根据表7－17的模型适配度检验结果可以看出 $CMIN/DF$（卡方自由度

比）为 2.786，在 1~3 的优秀范围内；RMSEA（误差均方根）= 0.066，在 < 0.08 的良好范围内。另外 NFI（规范拟合指数）、RFI（相对拟合指数）、IFL（增量适配指数）、ITL（总体适配指数）、CFI（比较拟合指数）的检验结果均达到了 0.8 以上的良好水平。因此，综合本次的分析结果可以说明，本书构建的验证性因子分析（CFA）模型具有良好的适配度。

表 7-17　　　　　　　　结构方程模型适配度检验结果

	指标	参考标准	实测结果
绝对适配指标	CMIN/DF	1~3 优秀，3~5 良好	2.786
	RMSEA	<0.05 为优秀，<0.08 良好	0.066
增值适配指标	NFI	>0.9 为优秀，>0.8 良好	0.895
	RFI	>0.9 为优秀，>0.8 良好	0.873
	IFL	>0.9 为优秀，>0.8 良好	0.930
	ITL	>0.9 为优秀，>0.8 良好	0.915
	CFI	>0.9 为优秀，>0.8 良好	0.930

在农户撂荒耕地再续利用意愿感知状况量表 CFA 模型具有良好适配度的前提下，进一步检验量表各个维度的收敛效度（AVE）和组合信度（CR）。检验流程通过建立的 CFA 模型计算出各个测量题项在对应维度上的标准化因子载荷。然后，通过 AVE 和 CR 的计算公式计算出各个维度的收敛效度值和组合信度值。计算公式如下：

$$AVE = \frac{\sum_{i=q}^{n} \lambda_i^2}{\sum_{i=1}^{n} \lambda_i^2 + \sum_{i=1}^{n} \epsilon_i^2} \quad (7-5)$$

$$CR = \frac{\sum_{i=q}^{n} \lambda_i}{\sum_{i=1}^{n} \lambda_i + \sum_{i=1}^{n} \epsilon_i} \quad (7-6)$$

其中，λ_i 为因子载荷（factor loading）；ϵ_i 为测量误方差（error variance）。AVE、CR 的值均介于 0~1 之间，通常要求 AVE 的值大于等于 0.5、CR 的值大于等于 0.7，才能说明该潜变量的测量模型合理。

根据表 7-18 的分析结果可以看出，在本次农户撂荒耕地再续利用行为量表收敛效度和组合信度检验中，各个维度的 AVE 值均达到了 0.5 以上，CR 值均达到了 0.7 以上，可以说明本研究选取的各个维度的测量变量均具有良好的收敛效度和组合信度。

表 7-18　　　　结构方程模型收敛效度和组合信度检验结果

路径关系			标准化系数	AVE	CR
生活保障	<---	生存理性	0.822***		
社会保障	<---	生存理性	0.766***	0.641	0.877
工作保障	<---	生存理性	0.794***		
价格保障	<---	生存理性	0.819***		
种植收益	<---	经济理性	0.835***		
兼业收入	<---	经济理性	0.719***	0.598	0.856
节约人力	<---	经济理性	0.748***		
节约肥力	<---	经济理性	0.786***		
主动利用	<---	再续利用意愿	0.906***		
被动利用	<---	再续利用意愿	0.610***	0.606	0.818
长期利用	<---	再续利用意愿	0.791***		
情感反馈	<---	行为效果感知	0.779***	0.579	0.733
价值实现	<---	行为效果感知	0.742***		
响应政策	<---	社会理性	0.769***	0.548	0.708
从众心理	<---	社会理性	0.711***		
强制收回	<---	环境型政策	0.627***		
氛围营造	<---	环境型政策	0.778***	0.518	0.809
金融服务	<---	环境型政策	0.641***		
目标规划	<---	环境型政策	0.815***		
奖补激励	<---	供给型政策	0.765***		
技术支持	<---	供给型政策	0.810***	0.614	0.864
就业支持	<---	供给型政策	0.730***		
基础保障	<---	供给型政策	0.826***		
外包服务	<---	需求型政策	0.739***		
政府购买	<---	需求型政策	0.840***	0.599	0.817
示范引领	<---	需求型政策	0.738***		

注：*、**和***分别表示显著性水平为10%、5%和1%。

最后，在模型适配度检验、收敛效度和组合信度检验的基础上，对 CFA 模型进行区别效度检验，如表 7-19 所示。可以看出，本次区别效度检验中，各维度两两之间的标准化相关系数均小于该维度所对应的 AVE 值的平方根，说明各个维度之间均具有良好的区别效度。

表 7-19　农户撂荒耕地再续利用行为量表各个维度区别效度检验结果

变量	再续利用意愿	生存理性	经济理性	社会理性	环境型政策	供给型政策	需求型政策	行为效果感知
再续利用意愿	0.606							
生存理性	0.599	0.641						
经济理性	0.521	0.455	0.598					
社会理性	0.622	0.412	0.419	0.548				
环境型政策	0.457	0.354	0.345	0.361	0.518			
供给型政策	0.492	0.394	0.399	0.374	0.345	0.614		
需求型政策	0.597	0.453	0.448	0.467	0.390	0.474	0.599	
行为效果感知	0.538	0.380	0.343	0.461	0.333	0.359	0.430	0.579
AVE 值的平方根	0.778	0.801	0.773	0.740	0.720	0.784	0.774	0.761

二、农户理性影响撂荒耕地再续利用的实证检验

根据理论模型与研究假说，结合信度效度检验结果，构建包含生存理性、经济理性、社会理性、行为效果感知、再续利用意愿、再续利用行为等为潜变量的结构方程模型。模型适配度检验用来检验建立的模型整体拟合适配度，以确定模型是否具有较好的拟合度。根据表 7-20 的模型适配度检验结果可以看出，选取的各模型适配度拟合指标值均满足要求，模型拟合效果较好。

表 7-20　　　　　　　结构方程模型适配度检验结果

检验量	绝对适配指标			增值适配度指标			简约适配度指标	
	X^2/df	GFI	RMSEA	NFI	CFI	IFI	PGFI	PNFI
评价标准	<3	>0.8	<0.08	>0.8	>0.9	>0.9	>0.5	>0.5
实际拟合值	2.629	0.931	0.064	0.937	0.931	0.960	0.621	0.714
结果	理想	理想	理想	理想	理想	理想	理想	理想

运用 AMOS24.0 软件对农户撂荒耕地再续利用行为模型进行检验，同时考虑变量方差之间存在的共变关系（颜玉琦等，2021），在模型中新增 e5 与 e6、e7 与 e8、e5 与 e8 三组共变关系，在不违背理论假设的前提下合理修正结构方程模型降低模型卡方值，有效提高模型拟合优度。

根据结构方程模型的运行结果（见表 7-21 和图 7-2），模型各潜变量路径关系系数均通过了显著性检验，假说 H7-1~H7-5 得到证实，具体分析如下：

表 7-21　农户理性影响撂荒耕地再续利用意愿与行为的 SEM 路径关系检验结果

路径关系			标准化系数	标准误差	CR
再续利用意愿	<---	生存理性	0.459***	0.155	2.861
再续利用意愿	<---	经济理性	-0.363**	0.265	-2.173
再续利用意愿	<---	社会理性	0.839***	0.200	4.485
再续利用行为	<---	再续利用意愿	0.228***	0.028	3.002
再续利用意愿	<---	行为效果感知	0.230***	0.050	5.095
再续利用行为	<---	行为效果感知	0.135**	0.025	2.239

注：*、** 和 *** 分别表示显著性水平为 10%、5% 和 1%。

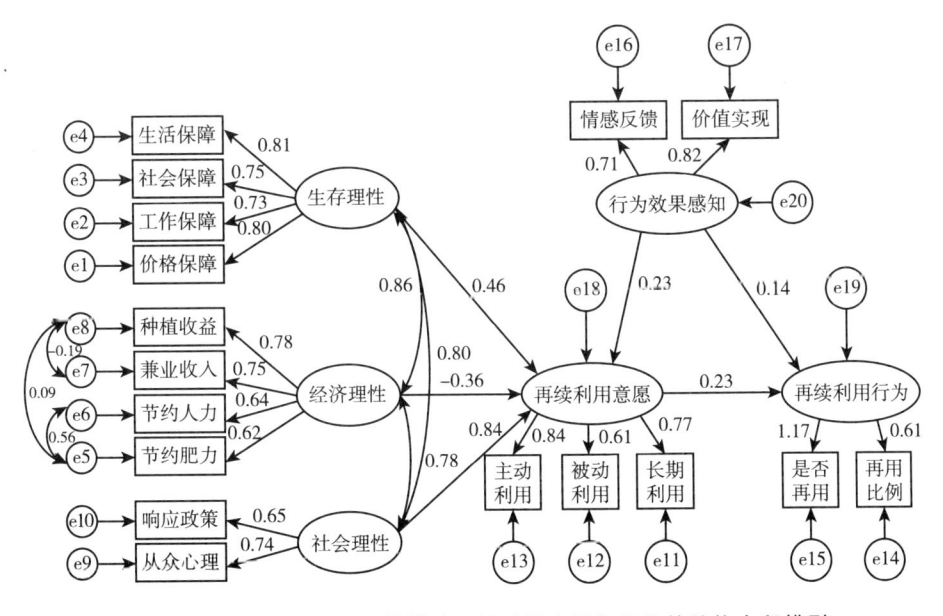

图 7-2　农户理性影响撂荒耕地再续利用意愿与行为的结构方程模型

注：图中数值为模型修正后的标准化回归系数。

生存理性显著正向影响农户的撂荒耕地再续利用意愿，标准化路径系数为 0.459，即生存理性越强，农户撂荒耕地再续利用意愿就越高，假说 H7 - 1 得到验证。生存理性是农户出于对未来风险和不确定性的担忧，遵循"安全第一"的准则，综合考虑社会保障和风险规避两方面的因素决定其撂荒耕地再续利用行为决策。一方面，农村地区的社会保障体系相对薄弱，土地对农户仍然具有相对较强的保障功能，农户对土地仍然具有较强的依赖性，农户倾向于通过再续利用撂荒耕地，稳定收入来源，保障他们的生计；另一方面，生存理性越高的农户对于未来风险和不确定性越是敏感，为了应对如突然失去工作、物价上涨等意外情况的发生，农户往往会为了降低这些风险对家庭带来的冲击，再续利用撂荒耕地以满足家庭的基本消费需求。

经济理性显著负向影响农户撂荒耕地再续利用意愿，标准化路径系数为 -0.363，即经济理性越强，农户撂荒耕地再续利用意愿就越弱，假说 H7 - 2 得到验证。经济理性是农户基于成本—收益考虑决定其撂荒耕地再续利用行为决策，若农户认为再续利用能够增加收益、降低成本，那么就会倾向于再续利用；反之，则会倾向于撂荒。现实中，农业生产尤其是粮食生产普遍面临着成本高、价格低，农业产业弱质低效的困局，对于多数农户，单纯地从事农业生产经营无法满足其养家糊口的基本诉求。因此，经济理性通过显著激发农户对提高家庭收入、改善生活品质的强烈愿望，使得农户更倾向于外出经商或务工，其撂荒耕地再续利用意愿也就越弱。

社会理性显著正向影响农户撂荒耕地再续利用意愿，标准化路径系数为 0.839，即社会理性越强，农户撂荒耕地再续利用意愿就越高，假说 H7 - 3 得到验证。并且，社会理性标准化路径系数 0.839 大于生存理性标准化路径系数 0.459，可见当前农户再续利用撂荒耕地主要是出于社会规范、从众心理等社会理性因素的考虑。社会理性越强的农户，就越是受到社会习俗、制度、规范、情感和意志的制约。当前，中国上至中央政府下至地方村委都在大力提倡和推进撂荒耕地再续利用工作，营造了浓厚的撂荒耕地再续利用氛围，加之中国传统乡村文化习俗"生于斯、长于斯"安土重迁的乡土情结，农户撂荒耕地再续利用意愿显著增强。即农户越是重视传统习俗、社会规范以及与邻居、村民和整个社会的关系，其撂荒耕地再续利用意愿就越强烈。

行为效果感知显著正向影响农户撂荒耕地再续利用意愿和再续利用行

为，标准化路径系数分别为 0.230 和 0.135，即积极的行为效果感知既可以直接正向作用于撂荒耕地再续利用行为，也可以通过强化农户撂荒耕地再续利用意愿间接影响撂荒耕地再续利用行为。也就是说，农户撂荒耕地再续利用后得到的积极反馈越强，其再续利用意愿就越强、撂荒耕地再续利用发生率越大，假说 H7-4 得到验证。当农户在再续利用撂荒耕地后若能获得收益的增加、心理上的满足感和成就感等积极的反馈时，一方面他们的撂荒耕地再续利用意愿会显著提高；另一方面他们也会更加倾向于继续再续利用撂荒耕地。因此，政府部门制定撂荒耕地再续利用政策时，应该从增强农户自我满足感、改善再续利用条件、提高再续利用收益等角度出发，使得农户再续利用撂荒耕地后得到积极的正向反馈，从而形成良性循环，促进农户更加积极地参与到再续利用撂荒耕地的行动中来。

再续利用意愿显著正向影响农户撂荒耕地再续利用行为，标准化路径系数为 0.228，即再续利用意愿越强的农户，其就越可能再续利用撂荒耕地，假说 H7-5 得到验证。意愿是行为产生的基础，对行为有着直接的指导作用。亚吉澜（Ajzen，1991）提出的计划行为理论将意愿定义为个体倾向于做某一行为的强烈程度，当农户的撂荒耕地再续利用意愿较为强烈时，其就越有可能再续利用撂荒耕地。因此，在撂荒耕地再续利用政策调控中，不能仅依靠行政命令，而应更加关注农户撂荒耕地再续利用意愿及其形成原因，才能有效提升撂荒耕地再续利用政策的总体效果和绩效水平。

第五节 政策情境对农户理性与撂荒耕地再续利用的调节效应

一、环境型政策情境的调节效应检验

根据理论模型提出的研究假说，撂荒耕地再续利用意愿作为再续利用行为的前因变量，他们之间的关系受到环境型政策、供给型政策、需求型政策等政策情境因素的调节。利用 SPSS26.0 软件，采用分层调节回归方程，遵循调节效应检验步骤，分析不同政策情境变量对农户撂荒耕地再续利用意愿

作用于两类再续利用行为（是否再续利用、再续利用程度）的调节作用。

在不考虑其他调节变量的前提下，单独分析环境型政策情境对农户撂荒耕地再续利用意愿到再续利用行为之间路径关系的调节作用。并且，由于通过测量量表从强制收回、氛围营造、金融服务和目标规划四个方面对环境型政策情境进行综合测度，因此在实际分析过程中一方面计算四个题项的得分均值形成环境型政策情境的综合测度指标，另一方面分别从上述四个方面考虑其对撂荒耕地再续利用意愿和再续利用行为的调节作用。其中，强制收回、氛围营造、金融服务和目标规划相应测量题项的得分均值分别为4.00、3.56、3.54和3.88。环境型政策情境调节效应检验结果如表7-22所示。

表7-22 环境型政策情境对农户理性与撂荒耕地再续利用的调节效应检验结果

变量	是否再续利用					再续利用程度				
	(1)	(2)	(3)	(4)	(5)	(6)	(7)	(8)	(9)	(10)
再续利用意愿	0.450** (0.201)	1.071*** (0.179)	0.584*** (0.195)	0.650*** (0.167)	0.639*** (0.163)	0.094** (0.040)	0.123*** (0.038)	0.094** (0.039)	0.115*** (0.032)	0.106** (0.032)
环境型政策	1.106*** (0.243)					0.074* (0.044)				
强制收回		-0.015 (0.153)					0.024 (0.030)			
氛围营造			0.720*** (0.178)					0.058* (0.033)		
金融服务				0.501*** (0.121)					0.007 (0.023)	
目标规划					0.638*** (0.166)					0.058* (0.031)
再续利用意愿×环境型政策	0.514*** (0.177)					0.063** (0.028)				
再续利用意愿×强制收回		0.328** (0.131)					0.047** (0.024)			
再续利用意愿×氛围营造			0.393*** (0.151)					0.052** (0.025)		

第七章　农户理性、政策情境与撂荒耕地再续利用

续表

变量	是否再续利用					再续利用程度				
	(1)	(2)	(3)	(4)	(5)	(6)	(7)	(8)	(9)	(10)
再续利用意愿×金融服务				0.109 (0.133)					0.027 (0.022)	
再续利用意愿×目标规划					0.264* (0.141)					0.067*** (0.024)
控制变量	是	是	是	是	是	是	是	是	是	是
常数项	-0.139 (0.128)	-0.081 (0.122)	0.112 (0.128)	0.010 (0.120)	-0.045 (0.120)	0.728*** (0.023)	0.729*** (0.023)	0.728*** (0.023)	0.741*** (0.022)	0.730*** (0.022)
样本数	301	301	301	301	301	301	301	301	301	301
伪 R^2	0.140	0.104	0.132	0.126	0.121					
R^2						0.106	0.094	0.107	0.081	0.116

注：括号中的数值为标准误，*、**和***分别表示显著性水平为10%、5%和1%。

由表7-22可以看出，对两类撂荒耕地再续利用行为而言，再续利用意愿与环境型政策情境综合测度指标的交互项均在至少5%的显著性水平上显著，交互效应系数分别为0.514和0.063，并且强制收回（0.328和0.047）、氛围营造（0.393和0.052）、目标规划（0.264和0.067）也都具有显著的调节效应，说明环境型政策情境会增强农户撂荒耕地再续利用意愿对再续利用行为的作用，假说H7-6得到验证。而金融服务（0.109和0.027）的调节效应不显著，这可能与当前中国农村地区金融服务的普及率仍然较低，农户对金融服务的认知和了解还比较有限以及传统文化习俗中相对保守的思想观念有关。为了更直观地揭示环境型政策情境干预力度与效度的调节作用，绘制了环境型政策情境干预力度与效度对撂荒耕地再续利用意愿与再续利用行为（是否再续利用和再续利用程度）之间关系的调节效应图，具体如图7-3所示。

如图7-3所示，对于两类撂荒耕地再续利用行为而言，高环境型政策情境（包括环境型政策情境综合测度指标、强制收回、氛围营造、金融服务和目标规划）曲线斜率均大于低环境型政策情境曲线斜率，说明高环境型政策情境对农户撂荒耕地再续利用意愿与再续利用行为之间正向的调节效应较

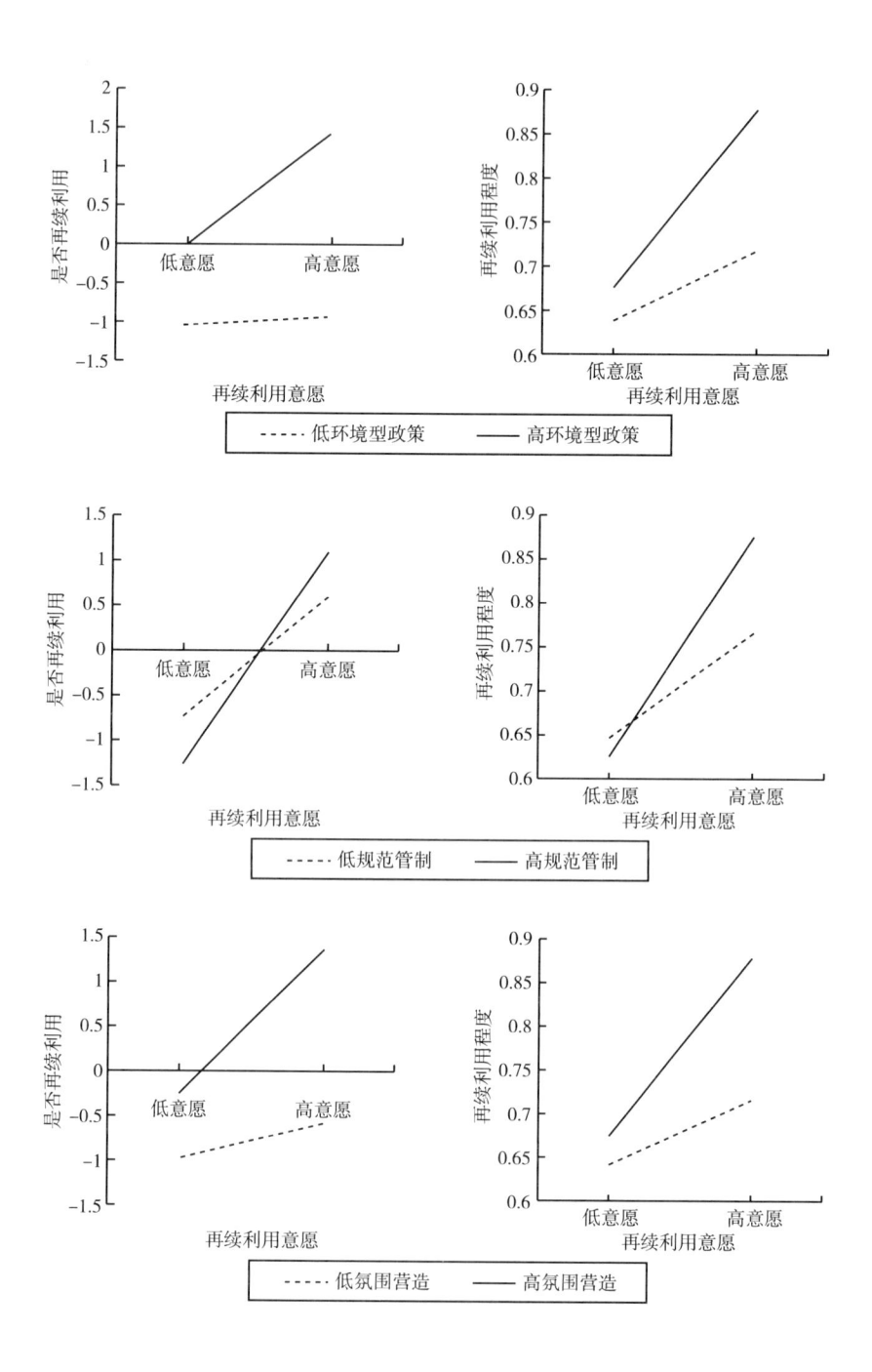

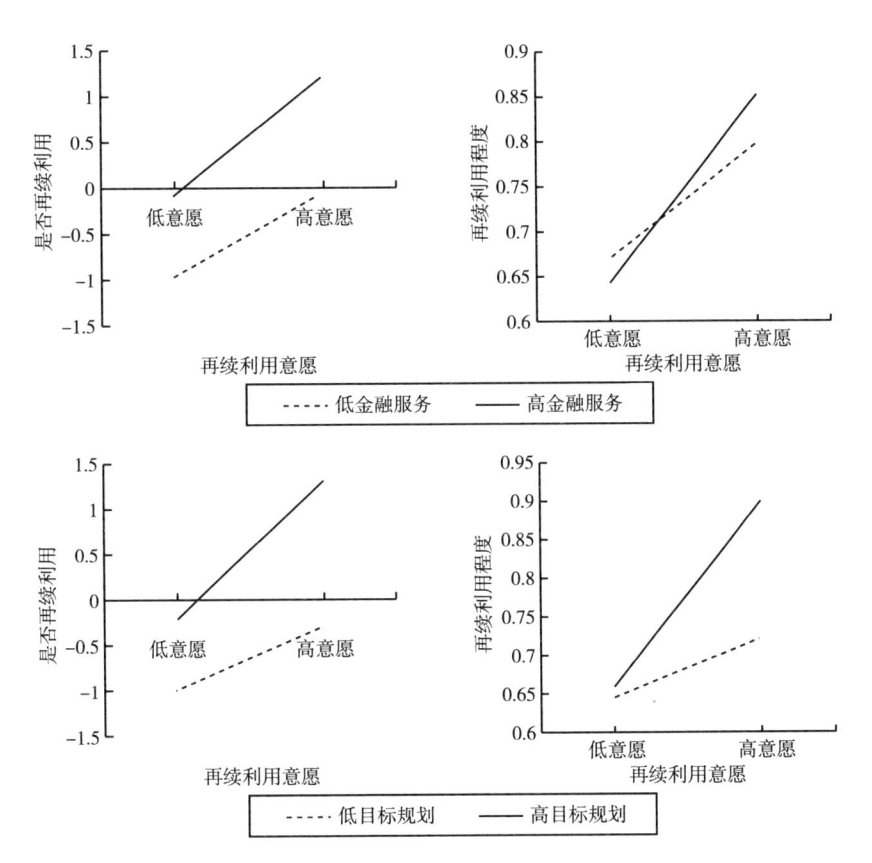

图 7-3 环境型政策情境干预农户理性与撂荒耕地再续利用的力度效应

强,意味着在高强度的环境型政策情境干预下,提高农户撂荒耕地再续利用意愿可以有效促进撂荒耕地再续利用行为的发生。低环境型政策情境对撂荒耕地再续利用意愿与再续利用行为之间正向关系的调节作用较弱,说明环境型政策情境强度的降低,会导致撂荒耕地再续利用意愿转化为实际再续利用行为的效果降低。

二、供给型政策情境的调节效应检验

供给型政策情境包括资金投入、技术支持、就业支持和基础保障四个类别,共包含了4道测量题项,各测量题项得分均值分别为4.13、3.75、3.84和3.95,说明农户更看重资金补贴方面的激励措施。

在不考虑其他情境变量的情况下，单独将供给型政策情境作为调节变量进行调节效应分析。并且，由于通过测量量表从资金投入、技术支持、就业支持和基础保障四个方面对供给型政策情境进行综合测度，因此在实际分析过程中，一方面计算四个题项的得分均值形成供给型政策情境的综合测度指标；另一方面分别从上述四个方面考虑其对撂荒耕地再续利用意愿和再续利用行为的调节作用。首先检验供给型政策情境对撂荒耕地再续利用意愿与两类再续利用行为（是否再续利用和再续利用程度）之间关系的调节效应（见表7-23）。

表7-23　供给型政策情境对农户理性与撂荒耕地再续利用的调节效应检验结果

变量	是否再续利用					再续利用程度				
	（1）	（2）	（3）	（4）	（5）	（6）	（7）	（8）	（9）	（10）
再续利用意愿	0.659*** (0.195)	0.890*** (0.165)	0.841*** (0.192)	0.696*** (0.176)	0.880*** (0.173)	0.144** (0.035)	0.121*** (0.030)	0.146*** (0.037)	0.138*** (0.033)	0.155*** (0.033)
供给型政策	0.899*** (0.239)					0.018 (0.045)				
资金投入		0.325** (0.162)					0.026 (0.032)			
技术支持			0.371** (0.153)					0.035 (0.028)		
就业支持				0.510*** (0.147)					0.004 (0.026)	
基础保障					0.302* (0.157)					-0.042 (0.030)
再续利用意愿×供给型政策	0.577*** (0.176)					0.087*** (0.028)				
再续利用意愿×资金投入		0.380*** (0.142)					0.071*** (0.024)			
再续利用意愿×技术支持			0.330** (0.136)					0.078*** (0.023)		

· 144 ·

续表

变量	是否再续利用					再续利用程度				
	(1)	(2)	(3)	(4)	(5)	(6)	(7)	(8)	(9)	(10)
再续利用意愿×就业支持				0.256* (0.139)					0.063*** (0.024)	
再续利用意愿×基础保障					0.298** (0.140)					0.045* (0.024)
控制变量	是	是	是	是	是	是	是	是	是	是
常数项	-0.162 (0.127)	-0.057 (0.117)	-0.099 (0.125)	-0.056 (0.123)	-0.056 (0.120)	0.726*** (0.022)	0.732*** (0.021)	0.721*** (0.022)	0.731*** (0.022)	0.736*** (0.022)
样本数	301	301	301	301	301	301	301	301	301	301
伪R^2	0.128	0.107	0.110	0.118	0.103					
R^2						0.124	0.119	0.131	0.110	0.114

注：括号中的数值为标准误，*、**和***分别表示显著性水平为10%、5%和1%。

由结果可以得出，对两类撂荒耕地再续利用行为而言，再续利用意愿与供给型政策情境综合测度指标的交互项均在1%的显著性水平上显著，交互效应系数分别为0.577和0.087，并且资金投入（0.380和0.071）、技术支持（0.330和0.078）、就业支持（0.256和0.063）、基础保障（0.298和0.045），也都具有显著的调节作用，说明供给型政策情境会增强农户撂荒耕地再续利用意愿对撂荒耕地再续利用行为的促进作用，假说H7-7得到验证。为了更直观地揭示供给型政策情境干预力度与效度的调节作用，绘制了供给型政策情境干预力度与效度对撂荒耕地再续利用意愿与再续利用行为（是否再续利用和再续利用程度）之间关系的调节效应图，如图7-4所示。

如图7-4所示，对于两类撂荒耕地再续利用行为而言，高供给型政策情境（包括供给型政策情境综合测度指标、资金投入、技术支持、就业支持和基础保障）曲线斜率均大于低供给型政策情境曲线斜率，说明高供给型政策情境对农户撂荒耕地再续利用意愿与再续利用行为之间的正向调节效应较强，意味着在高强度的供给型政策情境干预下，提高个体撂荒耕地再续利用意愿可以有效促进农户撂荒耕地再续利用行为的发生。而低供给型政策情境对撂荒耕地再续利用意愿与再续利用行为之间正向关系的调节作用较弱，说明

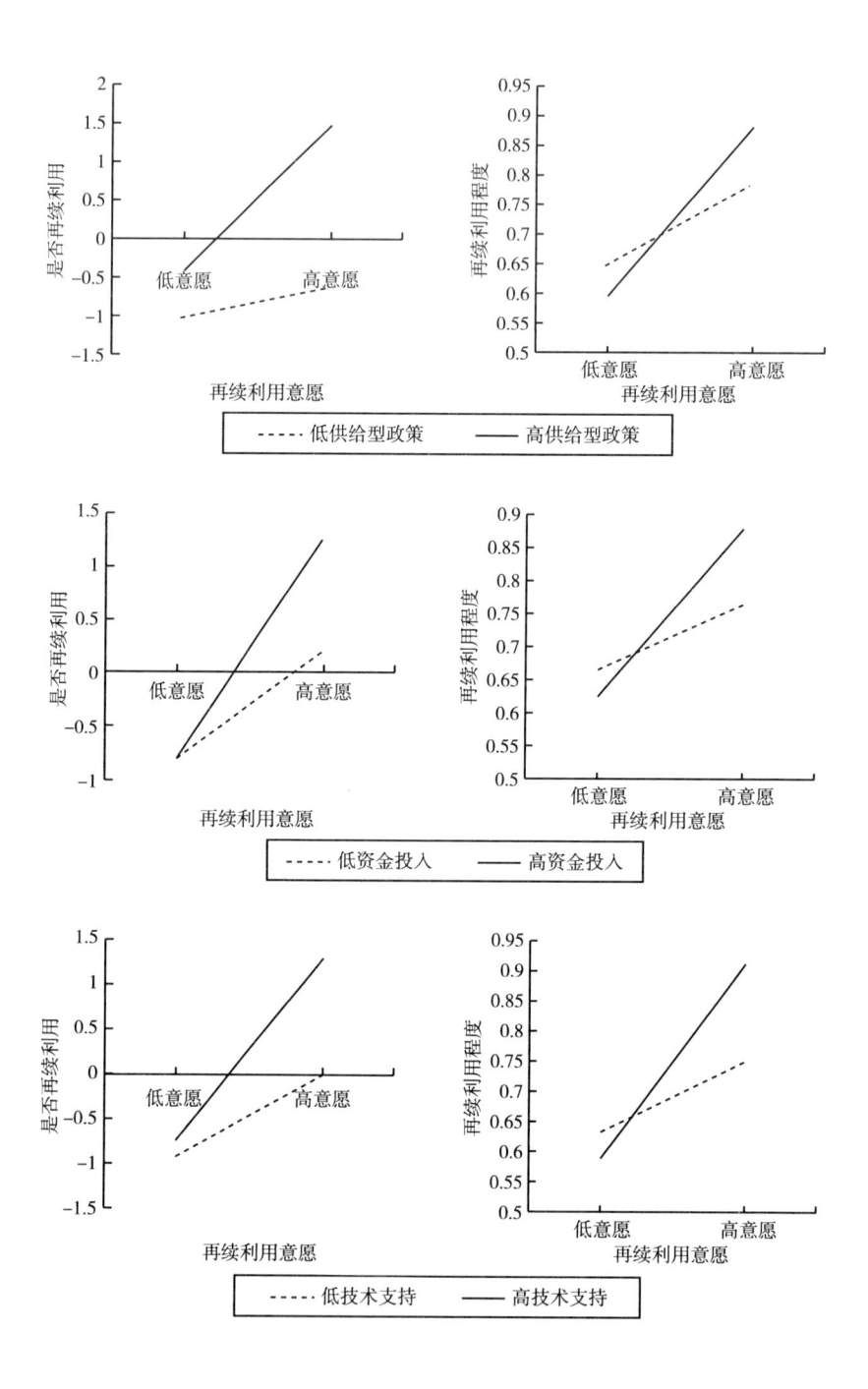

| 大食物观下的耕地利用：已利用耕地食物供给能力与撂荒耕地再续利用 |

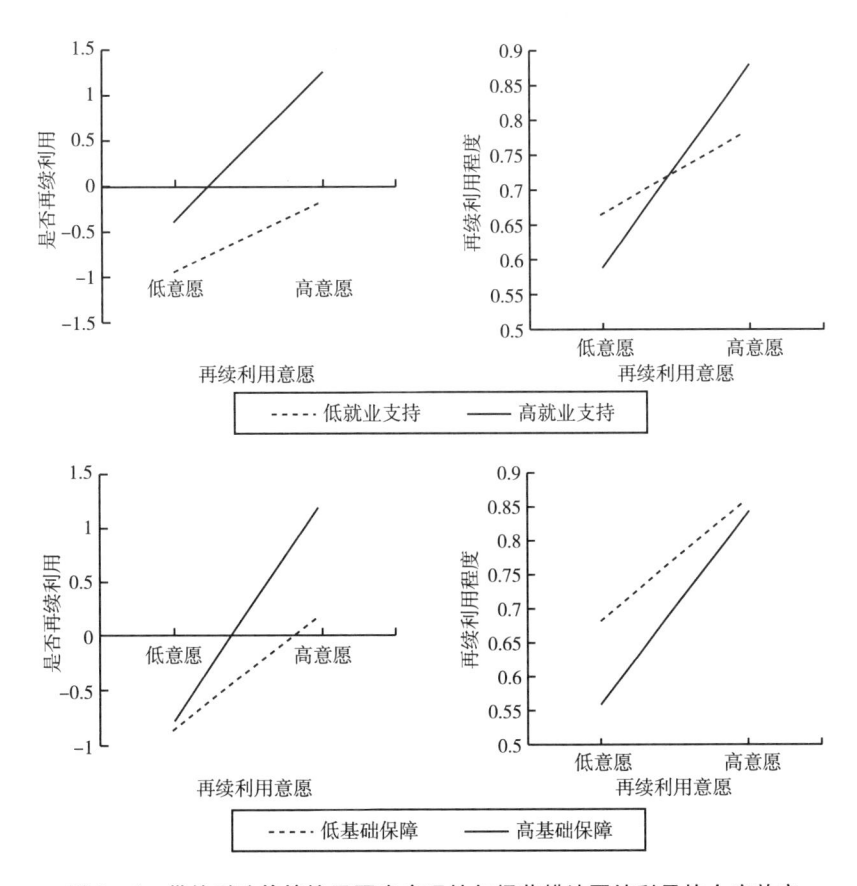

第七章 农户理性、政策情境与撂荒耕地再续利用

图 7-4 供给型政策情境干预农户理性与撂荒耕地再续利用的力度效应

增强供给型政策情境的强度，可以提高撂荒耕地再续利用意愿转化为实际再续利用行为的效果。

三、需求型政策情境的调节效应检验

在不考虑其他情境因素的调节作用下，单独分析需求型政策情境对农户撂荒耕地再续利用意愿与两类再续利用行为（是否再续利用和再续利用程度）的调节作用。并且，由于通过测量量表从外包服务、政府购买和金融服务三个方面对需求型政策情境进行综合测度，因此在实际分析过程中，一方面计算三个题项的得分均值形成需求型政策情境的综合测度指标；另一方面分别从上述三个方面考虑其对撂荒耕地再续利用意愿和再续利用行为的调节作用。其中，外

包服务、政府购买和金融服务相应测量题项的得分均值分别为 3.62、4.01 和 3.52。表 7－24 是需求型政策情境对再续利用意愿与两类撂荒耕地再续利用行为（是否再续利用和再续利用程度）之间路径关系的调节效应检验结果。

表 7－24　需求型政策情境对农户理性与撂荒耕地再续利用的调节效应检验结果

变量	是否再续利用				再续利用程度			
	（1）	（2）	（3）	（4）	（5）	（6）	（7）	（8）
再续利用意愿	0.722*** (0.207)	0.792*** (0.185)	1.094*** (0.188)	0.677*** (0.187)	0.103*** (0.037)	0.129*** (0.035)	0.142*** (0.035)	0.100*** (0.036)
需求型政策	0.593*** (0.213)				0.058 (0.040)			
外包服务		0.356** (0.148)				0.005 (0.028)		
政府购买			-0.087 (0.154)				0.000 (0.029)	
示范引领				0.569*** (0.151)				0.057** (0.028)
再续利用意愿×需求型政策	0.410*** (0.156)				0.055** (0.027)			
再续利用意愿×外包服务		0.268** (0.135)				0.045* (0.025)		
再续利用意愿×政府购买			0.211* (0.127)				0.057** (0.023)	
再续利用意愿×示范引领				0.303** (0.139)				0.051** (0.025)
控制变量	是	是	是	是	是	是	是	是
常数项	-0.132 (0.129)	-0.068 (0.124)	-0.046 (0.124)	-0.082 (0.126)	0.731*** (0.023)	0.734*** (0.022)	0.729*** (0.022)	0.730** (0.023)
样本数	301	301	301	301	301	301	301	301
伪 R^2	0.113	0.107	0.098	0.125				
R^2					0.099	0.090	0.106	0.109

注：括号中的数值为标准误，*、** 和 *** 分别表示显著性水平为 10%、5% 和 1%。

由分析结果可知：对两类撂荒耕地再续利用行为而言，再续利用意愿与需求型政策情境综合测量指标的交互项均至少在5%的显著性水平上显著，交互效应系数分别为0.410和0.055。并且，外包服务（0.268和0.045）、政府购买（0.211和0.057）、示范引领（0.303和0.051），也都具有显著的调节作用，说明需求型政策情境会增强农户撂荒耕地再续利用意愿对撂荒耕地再续利用行为的促进作用，假说H7-8得到验证。为了更直观地揭示需求型政策情境干预力度与效度的调节作用，绘制了需求型政策情境干预力度与效度对撂荒耕地再续利用意愿与再续利用行为（是否再续利用和再续利用程度）之间关系的调节效应图，如图7-5所示。

如图7-5所示，对于两类撂荒耕地再续利用行为而言，高需求型政策情境（包括需求型政策情境综合测度指标、外包服务、政府购买和示范引领）曲线斜率均大于低需求型政策情境曲线斜率，说明高需求型政策情境对

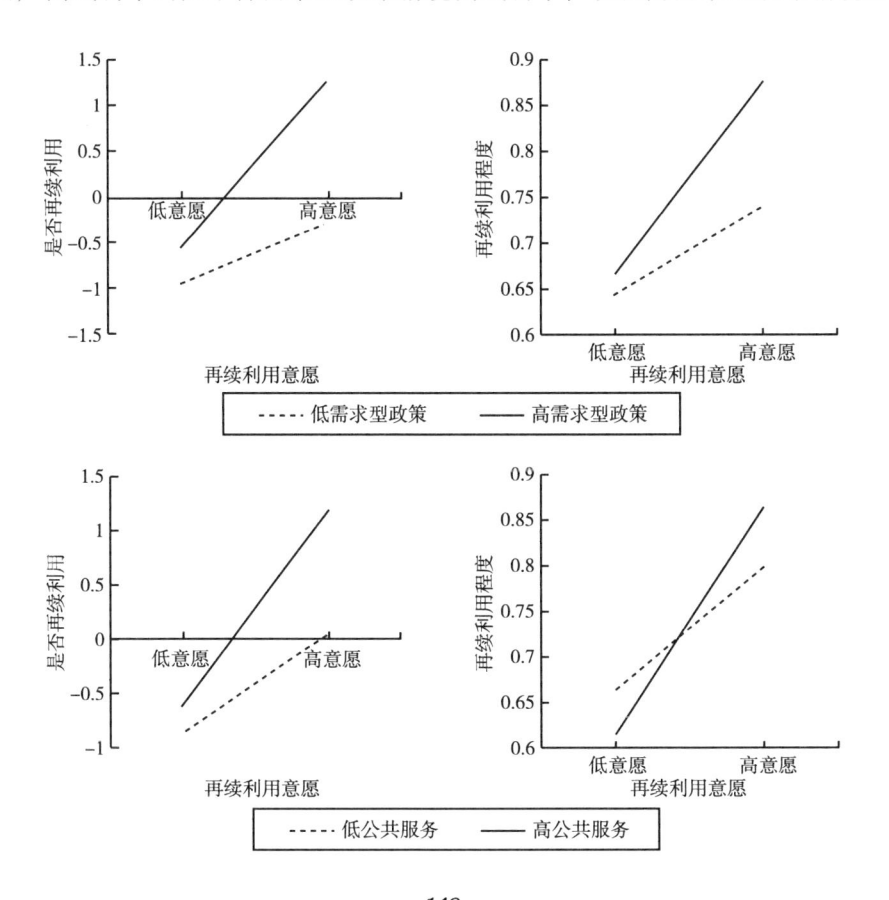

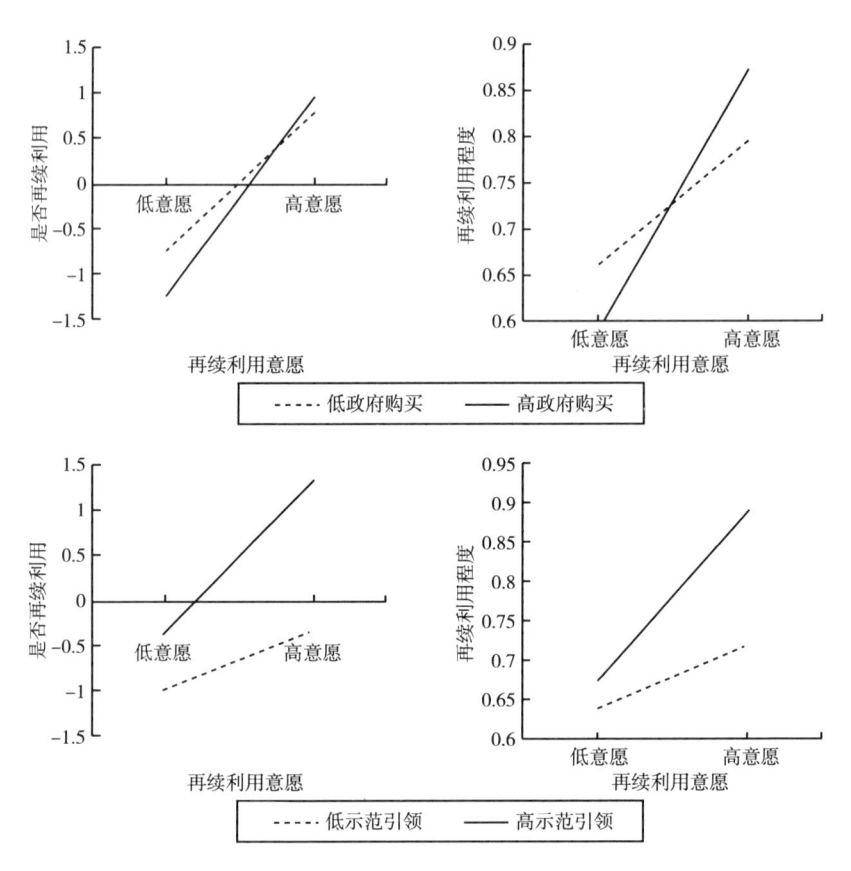

图7-5 需求型政策情境干预农户理性与撂荒耕地再续利用的力度效应

农户撂荒耕地再续利用意愿与再续利用行为之间正向的调节作用较强,意味着在高强度的需求型政策情境干预下,提高个体撂荒耕地再续利用意愿可以有效促进农户撂荒耕地再续利用行为的发生。而低需求型政策情境对撂荒耕地再续利用意愿与再续利用行为之间正向关系的调节作用较弱,说明增强需求型政策情境的强度,可以提高撂荒耕地再续利用意愿转化为实际再续利用行为的效果。

四、三类政策情境的干预效果比较

比较三类政策情境因素对农户撂荒耕地再续利用意愿与再续利用行为之间的调节作用大小发现,总体而言,对于两类撂荒耕地再续利用行为(是否再续利用和再续利用程度），政策效果呈现出供给型政策情境（0.577和0.087）＞环境型政策情境（0.514和0.063）＞需求型政策情境（0.410和0.055）的特征。原因可能在于，供给型政策情境主要是通过提供各种农业要素支持和经济激励措施推动撂荒耕地再续利用工作，有助于提高农业生产效益和农民收入水平，更能调动农户撂荒耕地再续利用积极性，因而农户更为偏好供给型政策。相比之下，环境型政策情境包含限期整改、收回发包田等强制性措施，这些措施虽然可以通过强制方式提高农户再续利用撂荒耕地的概率，但对于这一部分农户而言，这些政策措施可能会对其生计状况和经济收入造成不利影响，从而出现消极态度，以致弱化了政策实施效果。而需求型政策则主要是通过市场需求和价格机制等因素，来间接促使农户增加耕地和农作物种植面积，其政策效果相对较弱。

就各类政策情境因素具体测量指标而言，政策效果亦有差异。首先，在环境型政策情境中，对于是否再续利用，氛围营造（0.393）和强制收回（0.328）两类政策估计系数相对较大，高于目标规划（0.264）；而金融服务（0.109）不显著。原因可能在于，氛围营造和强制收回通过改变社会和政治环境、强化法律和制度约束，从而对农户的行为和决策产生更为直接和明显的激励和约束作用。例如，再续利用政策的推广可以提高社会对于撂荒耕地再续利用的认知和关注度，形成社会舆论的支持和推动，增强农户的再续利用意愿。同时，强制收回类政策也能够加强对于撂荒耕地的监管，防止农户继续撂荒耕地，从而推动农户再续利用。相比之下，目标规划虽然能够为农户撂荒耕地再续利用提供一定的可行性支持，但是并未能够有效地影响农户的态度和行为，因此对于提高农户撂荒耕地再续利用行为发生率的作用相对较小。而金融服务的调节效应不显著，这可能与当前中国农村地区金融服务的普及率仍然较低，农户对金融服务的认知和了解还比较有限以及传统文化习俗中相对保守的思想观念有关。同时，对于再续利用程度，在撂荒耕地再续利用的具体执行过程中，目标规划（0.067）的估计系数相对较大，其后依次为氛围营造（0.052）、强制收回（0.047）和金融服务（0.027），因为目标规划通常会针对撂荒耕地再续利用问题设定明确的目标和计划，同时制定具体的政策措施，帮助农户明确再续利用的目标和路径，并克服再续利用过程中遇到的困难和障碍，提高撂荒耕地再续利用的可操作性和可行性，因而对农户撂荒耕地再续利用程度的影响相对较大。相比之下，其他类型环境型政策情境具体的再续利用计划和措施并不明确，对农户的实际帮助相对较小，因而对农户撂荒耕地再续利用程度的影响相对较小。

其次，在供给型政策情境中，对于是否再续利用，资金投入（0.380）和技术支持（0.330）两类政策估计系数相对较大；基础保障（0.298）和就业支持（0.256）相对较小。资金投入能够直接帮助农户解决资金瓶颈问题，降低他们的经济负担和财务风险，从而增加他们再续利用撂荒耕地的动力；技术支持则能够为农户提供种植技术、耕作技术和管理技术等方面的支持，帮助他们提高农业生产能力和效益，从而增强他们再续利用的信心和动力。相比之下，基础保障和就业支持两类政策并没有直接针对农户撂荒耕地再续利用问题，基础保障主要针对农业生产的基础设施，政策的主要目的是提高农户的生产和生活条件，间接促进农户再续利用撂荒耕地；而就业支持则侧重于为农户提供本地就业机会和培训，缓解农户就业压力和提高收入来源，减少他们撂荒耕地的动力。同时，对于再续利用程度，政策效果呈现出与是否再续利用相似的作用特征。技术支持（0.078）和资金投入（0.071）相比就业支持（0.063）和基础保障（0.045），对农户撂荒耕地再续利用程度的影响相对较大。

最后，在需求型政策情境中，对于是否再续利用，示范引领（0.303）和外包服务（0.268）两类政策估计系数相对较大，政府购买（0.211）相对较低。原因可能在于，示范引领不仅可以通过建设示范基地、培训示范农户等方式，向农户展示撂荒耕地再续利用的好处和可行性，还可以将党员干部、乡贤等在农村社会具有较高社会地位和影响力的人群作为撂荒耕地再续利用的先行者和示范者，发挥先进模范作用，从而增强农户撂荒耕地再续利用的信心和意愿。外包服务则帮助农户更容易获取各类农业社会化服务，提高种植效率和产品质量，增加经济效益，从而增强他们的耕作信心和积极性，进而提高其对撂荒耕地再续利用的意愿和行为发生率。而政府购买通常是以政府为主导，通过招标等方式向社会上的服务机构购买服务，这种方式通常存在着信息不对称、服务质量难以保证等问题，难以真正地提供有针对性的服务，满足农民的需求。此外，对于再续利用程度，在撂荒耕地再续利用的具体执行过程中，政府购买（0.057）对于提高农户撂荒耕地再续利用程度影响效果较大，因为政府可以直接购买农业生产性相关服务，例如直接由政府出资帮助农户翻耕土地，故而影响效果较大。同时，示范引领（0.051）和外包服务（0.045）对农户撂荒耕地再续利用程度也有明显的积极影响，其原因与针对是否撂荒的作用机制类似。

以上结果表明，政策情境因素及其各类次级政策情境因素在不同程度上均能对农户撂荒耕地再续利用行为产生积极影响，但在具体操作中应依据政策实施目标结合不同政策措施的特征，分主次、抓重点采取相应的政策组合策略，以达到最佳的政策效果。其中，对于提高农户再续利用概率，应着重关注氛围营造、资金投入和示范引领等政策措施，而对于再续利用程度，应特别关注目标规划、技术支持和政府购买等政策措施。

第六节 小 结

生存理性、社会理性对农户撂荒耕地再续利用意愿有显著的正向影响，经济理性对农户撂荒耕地再续利用意愿有显著的负向影响。其中，社会理性的正向影响效应大于生存理性，标准化路径系数分别为 0.839 和 0.459；经济理性的标准化路径系数为 -0.363。农户在撂荒耕地再续利用过程中，首先考虑的是维持自己和家庭的生存和发展，为了保障家庭基本生计和规避风险，农户倾向于再续利用撂荒耕地。社会理性则意味着，农户越是重视传统习俗、社会规范以及与周围邻居、村民和整个社会的关系，其撂荒耕地再续利用意愿也就越强烈。经济理性负向影响农户撂荒耕地再续利用意愿，说明当前农户普遍认为再续利用撂荒耕地难以给自身带来足够的经济上的回报。农户为了提高家庭收入、改善生活品质，更倾向于外出经商或务工，其撂荒耕地再续利用意愿趋弱。

行为效果感知显著正向影响农户撂荒耕地再续利用意愿和再续利用行为，标准化路径系数分别为 0.230 和 0.135。撂荒耕地再续利用过程中，农户会通过对自身的行为结果进行感知、评价和反思，从而修正和调整自己的主观意愿与行为。因此，当农户在再续利用撂荒耕地后未能获得收益的增加、心理上的满足感和成就感等积极的反馈时，一方面他们的撂荒耕地再续利用意愿会显著降低；另一方面他们也会更加倾向于继续撂荒耕地。

农户撂荒耕地再续利用意愿显著正向影响再续利用行为，标准化路径系数为 0.228。意愿是个体倾向于做某一行为的强烈程度，当农户的撂荒耕地再续利用意愿越是强烈时，其撂荒耕地再续利用行为就越可能发生。

三类政策情境因素对农户撂荒耕地再续利用意愿与再续利用行为之间关系的正向调节作用显著。分析结果表明，环境型政策情境、供给型政策情境、需求型政策情境对农户撂荒耕地再续利用意愿向两类再续利用行为（是否再续利用、再续利用程度）的转化过程中均存在显著的正向调节作用。并且，调节效应图显示，对两类撂荒耕地再续利用行为而言，高强度的政策情境更能促进农户撂荒耕地再续利用意愿向再续利用行为转化。

在环境型政策情境中，对于是否再续利用，氛围营造和强制收回两类政策估计系数相对较大，高于目标规划，而金融服务不显著；对于再续利用程度，在撂荒耕地再续利用的具体执行过程中，目标规划的估计系数相对较大，其后依次为氛围营造和强制收回，金融服务不显著。其次，在供给型政策情境中，对于是否再续利用，资金投入和技术支持两类政策估计系数相对较大，基础保障和就业支持相对较小；对于再续利用程度，政策效果呈现出与是否再续利用相似的作用特征，技术支持和资金投入相比就业支持和基础保障，对农户撂荒耕地再续利用程度的影响相对较大。最后，在需求型政策情境中，对于是否再续利用，示范引领和外包服务两类政策估计系数相对较大，政府购买相对较低；而对于再续利用程度，在撂荒耕地再续利用的具体执行过程中，政府购买对于提高农户撂荒耕地再续利用程度影响效果较大，并且，示范引领和外包服务对农户撂荒耕地再续利用程度也有明显的积极影响。

| 第八章 |

研究结论与展望

第一节　主要结论

从热量角度来看，中国耕地食物生产在总量增长的同时向多样化转型，"非粮化"抑制了耕地食物供给增长。经过波动增长（1978~1998年）、波动减少（1998~2003年）、快速回升（2003~2016年）和缓慢增长（2016~2020年），2020年中国耕地食物热量达113.23×10^{4}千焦，是1978年的2.58倍。耕地食物生产结构呈现口粮减少而蔬果、油料、玉米快速增长的特征，其中口粮热量占比下降了近20个百分点，且西北、广西和青海的耕地食物热量主体分别由口粮转为玉米、糖料和油料；蔬果生产增速最快，热量占比增长了4.02倍。1978~1998年和1998~2003年耕地食物热量变化主要由口粮引起，影响程度分别为46.31%和-64.84%；2003~2016年和2016~2020年耕地食物热量增加分别源于玉米和蔬果的贡献，影响程度为53.42%和28.30%。1978~1998年、1998~2003年和2016~2020年，"非粮化"分别在14.63%、73.30%和23.81%的程度上抑制了耕地食物热量增长，其中，2016~2020年，"非粮化"是上海、江西、海南和贵州耕地食物热量减少的主因。

从产值角度来看，中国耕地食物生产由保障国家粮食安全向保障国家粮食安全与促进农民增收协调发展转变。谷物和蔬菜已成为当今中国耕地食物生产的主体，2007年开始蔬菜产值超过谷物，中国耕地利用产出主导格局已从谷物转向蔬菜。耕地食物生产为蔬菜主导型的省份分布范围由2004年的东部扩大到了 2021 年的内陆区域,其中包括了近 2/3 的粮食主产区。大多数粮食主产区谷物产值增长的主要动因是总产量增加;而蔬菜产值增长主要来自价格上升。东北地区的谷物产值大,增幅也大;而其他农作物的产值,尤其是纤维的产值低。黄淮海平原地区的谷物、油料、纤维和蔬菜等农作物的产值均较高,但其增幅缓慢。青藏区的耕地产出较低;新疆的纤维产值最高。

丘陵山区农户耕地撂荒行为具有明显的代际差异,老一代、中生代和新生代农户的耕地撂荒行为依次增强。具体而言,代际差异每提升一个等级,丘陵山区农户耕地撂荒概率增加 6.6%、撂荒程度增加 2.3%。代际差异具有通过作用丘陵山区农户耕地保护意愿、生计策略和种植结构而影响其耕地撂荒行为的机制,也就是说,丘陵山区老一代、中生代和新生代农户的耕地保护意愿趋弱、生计策略非农转型趋强、经济作物植趋减,导致其耕地撂荒行为依次增强。

生存理性和社会理性促进了农户撂荒耕地再续利用;经济理性则相反。生存理性、社会理性对农户撂荒耕地再续利用意愿有显著的正向影响,经济理性对农户撂荒耕地再续利用意愿有显著的负向影响,且社会理性的正向影响效应大于生存理性。结果表明,农户会出于生存的考虑再续利用撂荒耕地,也会因周围人群、社会规范的制约而愿意再续利用撂荒耕地,但同时农户的成本收益考量亦会阻碍撂荒耕地再续利用。行为效果感知显著正向影响农户撂荒耕地再续利用意愿和再续利用行为。即当农户再续利用撂荒耕地后获得收益的增加、心理上的满足感和成就感等积极的反馈时,一方面他们的撂荒耕地再续利用意愿会显著提高;另一方面他们也会更加倾向于继续再续利用撂荒耕地。农户撂荒耕地再续利用意愿显著正向影响再续利用行为。农户的撂荒耕地再续利用意愿越是强烈时,其撂荒耕地再续利用行为就越可能发生。

环境型政策情境、供给型政策情境、需求型政策情境对农户撂荒耕地再续利用意愿向两类再续利用行为的转化过程中均存在显著的正向调节作用。在环境型政策情境中,对于是否再续利用,氛围营造和规范管制对农户是否开展撂荒耕地再续利用的影响最大;其次是目标规划;而金融服务的影响不显著。在撂荒耕地再续利用的具体执行过程中,目标规划对农户撂荒耕地再续利用程度的影响最大;其后依次为氛围营造和规范管制;金融服务的影响不显著。在供给型政策情境中,资金投入和技术支持对农户是否开展撂荒耕地再续利用的影响最大;基础保障和就业支持的影响相对较小。对于再续利用程度,政策效果呈现出与是否再续利用相似的作用特征,相较于就业支持和基础保障,技术支持和资金投入对农户撂荒耕地再续利用程度的影响更大。在需求型政策情境中,示范引领和公共服务对农户是否开展撂荒耕地再续利用的影响最大,政府购买的影响相对较小。政府购买对于农户撂荒耕地再续利用程度的影响最大,示范引领和公共服务也具有一定的影响。

第二节 政策启示

一、科学认识"非粮化",提高已利用耕地食物供给能力

改革开放以来,中国耕地食物生产沿着政府与市场相互作用的轨迹变迁。2004 年取消农业税并开展种粮直补、2016 年印发并实施《全国种植业结构调整规划 (2016~2020 年)》等是标志性事件。尽管口粮、玉米仍然是耕地食物热量的主体,但中国耕地食物生产处于"以粮为纲"向多样化转型之中,这一转型将在有为政府和有效市场结合中得到进一步优化。开展"非粮化"治理,不能重返"以粮为纲"的政策,也不能简单地使用"趋粮化"来衡量治理效果。随着经济发展,中国居民的膳食结构正在发生明显变化,因此要树立大食物观,既要保障"粮袋子"安全,也要保障"油瓶子""菜篮子""果盘子"等安全。在严格耕地用途管制的基础上,妥善处理稳定粮食生产与发展特色农业、保障粮食安全与增加农民收入、耕地利用与"藏粮于地"三类关系。以增加耕地食物生产作为"非粮化"治理的一条重要原则,分区域有序推进,重点关注因"非粮化"导致耕地食物供给减少的地区。

二、把握不同代际农户特征,抑制丘陵山区耕地撂荒

变革农业经营体系,优化丘陵山区不同代际农户农业经营模式。当前中

国丘陵山区新型农业经营体系发展缓慢，应基于不同代际农户特征，优化丘陵山区农业经营模式，从有长期务农意愿的中生代和新生代农户中培育出以适度规模和多种经营为导向的新型农业经营主体，从能务农的老一代农户中培育出以种植"小而精"特色农产品为主的新时代小农户。优化丘陵山区耕地在农户代际间的配置，提高耕地利用效率。一方面，着力健全丘陵山区土地流转市场和集体土地制度，鼓励不同代际中务农意愿低的农户转出耕地；另一方面，积极开展丘陵山区农田宜机化改造，加强农业生产技术教育培训，鼓励、支持不同代际中有长期务农意愿的农户转入耕地，形成集中连片经营，实现规模经济。因地制宜建设丘陵山区经济作物产业链，提高农业盈利能力。中国居民对安全优质特色农产品的需求大幅增长，而供给相对滞后，市场潜力大。建议丘陵山区县政府有计划地鼓励农户在坡耕地（包括梯田）上建设优势农产品产业带和特色农产品优势区，同时通过品牌建设和电商平台搭建，提高农业盈利能力，吸纳不同代际农户，实现共同增收。

三、发挥农户主体作用，推进撂荒耕地再续利用

充分发挥农户的主体性和能动性，保障撂荒耕地再续利用工作的高效开展。农户撂荒耕地再续利用意愿受到多种理性的影响，其中，社会理性在推动农户撂荒耕地再续利用过程中占主导地位，其次是生存理性，而经济理性阻碍了撂荒耕地再续利用。因此，在撂荒耕地再续利用政策制定中，应从农户视角出发，加强与农户的沟通，了解农户的现实需求和心理预期，从而制定针对性的政策措施。首先，加强再续利用工作的社会宣传和教育，提高农户对撂荒耕地再续利用的认同和支持程度，并将撂荒耕地再续利用相关内容纳入村规民约，强化对农户耕地保护的道德规范要求，从而增强农户再续利用撂荒耕地的社会责任意识。其次，政府应完善农业社会化服务体系，同时鼓励农户发展适合当地的生产经营模式，引导和支持农户发展适度规模经济、因地制宜发展特色农业，提高耕作效率和经济效益。一方面可以强化耕地的社会保障功能，从而更好激发生存理性对撂荒耕地再续利用的促进作用；另一方面也有助于增加农户务农收入，缓解经济理性对农户撂荒耕地再

续利用产生的消极情绪。

　　提升农户撂荒耕地再续利用的积极感知效果，建立农户自主参与长效机制。现行中国撂荒耕地再续利用工作主要由政府推动，致使再续利用工作过于关注再续利用绩效本身，忽视了对农户个体利益和参与意愿的关注。同时，政策推动下的再续利用行动通常缺乏可持续性，长期依赖政府扶持，难以形成自我推动的机制，容易在政策效应消退后出现反弹现象。因此，政府应充分考虑农户个体利益和参与意愿，建立"以农户为中心"的政策导向，充分调研农户需求和意愿，制定差异化的政策举措，使农户撂荒耕地再续利用后获得积极的行为体验，提高农户参与的积极性。具体而言，一方面政府应努力营造撂荒耕地再续利用的社会氛围，对撂荒耕地再续利用工作成效显著的个人或集体，应给予表彰和奖励，加强社会认可和宣传力度，形成再续利用工作的社会共识和风气，从而使得农户再续利用撂荒耕地后获得心理上的自我满足感；另一方面可以鼓励农户建立合作社，集中资源、分享信息和经验，形成再续利用联盟，共同推进撂荒耕地再续利用工作。同时，通过建立再续利用基金、探索再续利用土地产权制度等方式，为农户提供长期的经济支持和保障，让撂荒耕地再续利用给农户带来实实在在的经济收益，形成可持续发展的长效机制。

　　建立以供给型政策为主，环境型政策和需求型政策为辅的政策体系，协同推进撂荒耕地再续利用。在政策实施过程中，供给型政策通过直接向农户提供资金、技术、信息、基础设施等要素支持，能够有效调动农户撂荒耕地再续利用积极性，提高撂荒耕地再续利用概率和程度。相比之下，环境型政策虽然也能够通过强制收回、氛围营造、金融服务、目标规划等政策措施，提高农户撂荒耕地再续利用概率和程度，但其部分诸如限期整改、收回发包田等强制性方式，容易引起农户产生消极态度，导致其只象征性地再续利用部分撂荒耕地或粗放利用再续利用耕地，再续利用效果不佳。而需求型政策主要作用于市场维度，通过外包服务、政府购买和示范引领，间接带动农户再续利用撂荒耕地，影响效果相对较小。因此，首先，政府应完善供给型政策体系，提高政策的针对性和实效性，例如提高再续利用补贴标准、加强农技培训、改进信息咨询和就业服务、完善农业基础设施等，鼓励农户参与撂荒耕地再续利用；其次，加强环境型政策的引导作用，避免其强制性对农户再续利用产生不利影响，例如在环境型政策体系中，减少或弱化限期再续利用、收回发包田、监督管制等强制收回类措施，重点关注目标规划、政策宣传、金融服务等引导性措施，提高环境型政策的可接受性和有效性；最后，需求型政策可以通过开发新的市场机制，建立完善的外包服务体系，并由地方政府、党员干部发挥先进模范作用，引领农户参与农产品生产和销售全过程，例如建立农产品产地直供机制、扶持农村电商等，提高农户再续利用的收益和市场竞争力。总之，建立以供给型政策为主，环境型政策和需求型政策为辅的政策体系，需要充分发挥政策的综合效应，调动各方面的积极性，协同推进撂荒耕地再续利用工作。

第三节　研究展望

鉴于数据可获取性，采用非粮食作物播种面积占比来衡量某一时点的"非粮化"水平，存在一定的误差，因为不能反映耕地用来种植速生杨、速生桉、绿化花卉苗木等经济林木等现象。采用热量作为统一不同食物类型单位的量纲，如果采用蛋白质、脂肪等其他单位作为量纲，耕地食物生产总量会不同。在今后的研究中，力求更全面、更客观地反映耕地食物生产功能，评估"非粮化"对耕地食物生产的影响程度。

县级行政区撂荒耕地再续利用的数据来源于新闻报道，不同媒体和地方政府对撂荒耕地再续利用的关注程度不尽相同，会在一定程度上导致样本选择具有一定的局限性。为了进一步丰富样本量，更加详细地刻画中国撂荒耕地再续利用的时空分布特征，未来有必要在大数据思想指导下，采用网络爬虫工具，检索相关的网络数据。撂荒耕地再续利用开展地面调查是数据获取的有效途径，但是受限于财力和人力，难以开展全面的地面调查。为了进一步完善中国撂荒耕地再续利用评估结果，未来有必要利用卫星遥感开展全面的估算，分析撂荒耕地再续利用的时空变化。

2020~2022年政府推动撂荒耕地再续利用尚属于"事件型"政策，且主要依赖于规范管制等环境型政策工具。撂荒耕地再续利用的可持续性还不明朗，需要进行全面的评估。未来的研究可重点关注以下两个方面：一是经过三年撂荒耕地再续利用政策影响，农户对撂荒耕地再续利用的共识有多大？有多大比例的农户是自愿开展撂荒耕地再续利用的？未来有多大比例的农户会从遵循政策到自愿开展撂荒耕地再续利用？二是地方政府已推动的撂荒耕地再续利用的成本有多高？继续推动撂荒耕地再续利用的动力还有多大？

参 考 文 献

[1] 曹慧，赵凯．代际差异视角下粮农保护性耕作投入意愿的影响因素分析 [J]．西北农林科技大学学报（社会科学版），2018，18（1）：115-123．

[2] 曹明奎．中国农业生态系统的生产潜力和人口承载力 [J]．生态学报，1993，13（1）：83-91．

[3] 曹宇，李国煜，王嘉怡等．耕地非粮化的系统认知与研究框架：从粮食安全到多维安全 [J]．中国土地科学，2022，36（3）：1-12．

[4] 畅倩，颜俨，李晓平，张聪颖，赵敏娟．为何"说一套做一套"——农户生态生产意愿与行为的悖离研究 [J]．农业技术经济，2021（4）：85-97．

[5] 陈浮，刘俊娜，常媛媛等．中国耕地非粮化空间格局分异及驱动机制 [J]．中国土地科学，2021，35（9）：33-43．

[6] 陈美球，刘桃菊．治理耕地"非粮化"需要处理好几个关系 [J]．土地科学动态，2022（2）：31-33．

[7] 陈美球，袁东波，邝佛缘等．农户分化、代际差异对生态耕种采纳度的影响 [J]．中国人口·资源与环境，2019，29（2）：79-86．

[8] 陈明荣．秦岭地区气候的生产潜力 [J]．西北大学学报（自然科学版），1979（1）：125-136．

[9] 陈莎，叶艳妹，张晓滨．如何解决耕地撂荒问题：经营规模与支持政策 [J]．江苏农业科学，2020，48（2）：306-311．

[10] 陈文胜．耕地抛荒是一个什么问题？[J]．中国乡村发现，2020（2）：94-97．

[11] 程国强．大食物观：结构变化、政策涵义与实践逻辑 [J]．农业经济问题，2023（5）：49-60．

[12] 党安荣，阎守邕，周艺．地理信息系统支持下的中国粮食生产潜力研究 [J]．遥感学报，1999，3（3）：225-228，248-229．

[13] 邓根云, 冯雪华. 我国光温资源与气候生产潜力 [J]. 自然资源, 1980 (4): 11-16.

[14] 丁波, 王蓉. 新型城镇化背景下农民工定居地选择意愿的研究——基于科尔曼理性选择理论视角 [J]. 西北人口, 2015, 36 (4): 118-122.

[15] 杜国明, 刘彦随. 黑龙江省耕地集约利用评价及分区研究 [J]. 资源科学, 2013, 35 (3): 554-560.

[16] 樊胜根. 大食物观引领农食系统转型, 全方位夯实粮食安全根基 [J]. 中国农村经济, 2022 (12): 14-19.

[17] 方杰, 温忠麟, 梁东梅等. 基于多元回归的调节效应分析 [J]. 心理科学, 2015, 38 (3): 715-720.

[18] 方平, 周立. 多元理性主导农户的差别化生产研究——基于6省区农户的多案例分析 [J]. 中州学刊, 2017 (6): 27-33.

[19] 费孝通. 乡土中国 [M]. 上海: 东方出版中心有限公司, 2021.

[20] 封志明, 史登峰. 近20年来中国食物消费变化与膳食营养状况评价 [J]. 资源科学, 2006 (1): 2-8.

[21] 冯国强, 李菁, 孙瑞等. 村庄组织化程度能抑制农地抛荒行为吗? [J]. 中国人口·资源与环境, 2021, 31 (1): 165-172.

[22] 甘犁, 尹志超, 谭继军. 中国家庭金融调查报告2014 [M]. 成都: 西南财经大学出版社, 2015.

[23] 高静, 王志章, 龚燕玲等. 土地转出何以影响小农户收入: 理性解释与千份数据检验 [J]. 中国软科学, 2020 (4): 70-81.

[24] 高原, 孙鹏飞, 赵凯. 贫困地区农户宅基地有偿退出行为的影响路径——基于家庭生命周期视角 [J]. 资源科学, 2021, 43 (7): 1403-1418.

[25] 郝晋珉, 张金懿. 农用地全域全类型保护与空间用途差别化管制探讨 [J]. 中国土地, 2022 (11): 22-23.

[26] 郝士横, 吴克宁, 董秀茹等. 耕地"非粮化"耕作层破坏诊断标准探讨 [J]. 土壤通报, 2021, 52 (5): 1028-1033.

[27] 何军, 李庆. 代际差异视角下的农民工土地流转行为研究 [J]. 农业技术经济, 2014 (1): 65-72.

[28] 侯东民. 试析资源制约下粮食自给与农业结构调整间的尖锐矛盾

与粮食安全战略改革 [J]. 理论前沿, 2003 (14): 18-20.

[29] 胡焕庸. 中国人口之分布 [J]. 地理学报, 1935, 2 (2): 33-74.

[30] 黄秉维. 中国农业生产潜力——光合潜力/地理集刊 (17) ——农业生产潜力 [M]. 北京: 科学出版社, 1985: 15-22.

[31] 黄海平, 龚新蜀, 黄宝连. 基于专业化分工的农业产业集群竞争优势研究——以寿光蔬菜产业集群为例 [J]. 农业经济问题, 2010 (4): 64-69.

[32] 黄红华. 政策工具理论的兴起及其在中国的发展 [J]. 社会科学, 2010 (4): 13-19, 187.

[33] 黄季焜, 李宁辉. 中国农业政策分析和预测模型——CAPSiM [J]. 南京农业大学学报 (社会科学版), 2003, 3 (2): 30-41.

[34] 黄季焜, 牛先芳, 智华勇等. 蔬菜生产和种植结构调整的影响因素分析 [J]. 农业经济问题, 2007 (7): 4-10.

[35] 黄少安, 李业梅. 耕地抛荒和政府监管的理性认识 [J]. 社会科学战线, 2021 (1): 67-77.

[36] 柯新利, 朱梦珂. "大食物观"背景下耕地用途管制的新思考 [J]. 土地科学动态, 2022 (5): 31-34.

[37] 孔祥智, 宋乐颜. 全方位夯实国家粮食安全根基: 内涵、挑战与对策 [J]. 农村经济, 2023 (5): 8-15.

[38] 匡兵, 卢新海, 陈丹玲. 基于内容分析法的中国耕地轮作休耕政策工具选择研究 [J]. 中国土地科学, 2018, 32 (11): 30-36.

[39] 邝佛缘, 陈美球. 风险预期、生计资本对农户宅基地退出意愿的影响及其代际差异——基于江西省456份农户调查数据 [J]. 农林经济管理学报, 2021, 20 (1): 92-101.

[40] 蓝红星, 李芬妮. 基于大食物观的"藏粮于地"战略: 内涵辨析与实践展望 [J]. 中州学刊, 2022 (12): 49-56.

[41] 冷疏影. 地理信息系统支持下的中国农业生产潜力研究 [J]. 自然资源学报, 1992, 7 (1): 71-79.

[42] 黎洁, 孙晶晶. 生计分化、权益保障认知与易地扶贫搬迁农户的农地处置意愿研究——以陕西易地扶贫搬迁农户为例 [J]. 干旱区资源与环境, 2021, 35 (10): 24-31.

[43] 李超, 程锋. "非粮化"对耕作层破坏的认定问题思考 [J]. 中国土地, 2021 (7): 12-14.

[44] 李春玲. 代际社会学: 理解中国新生代价值观念和行为模式的独特视角 [J]. 中国青年研究, 2020 (11): 36-42.

[45] 李广泳, 姜广辉, 张永红等. 我国耕地撂荒机理及盘活对策研究 [J]. 中国国土资源经济, 2021, 34 (2): 36-41.

[46] 李辉尚, 郭昕竺, 曲春红. 区位效应对农户耕地撂荒行为的影响及异质性研究——基于4省529户农户调查的实证分析 [J]. 经济纵横, 2020 (10): 86-95.

[47] 李俊高, 李萍. 我国农地撂荒及其分类治理: 基于马克思地租理论的拓展分析 [J]. 财经科学, 2016 (12): 47-54.

[48] 李琴, 李大胜, 陈风波. 地块特征对农业机械服务利用的影响分析——基于南方五省稻农的实证研究 [J]. 农业经济问题, 2017, 38 (7): 43-52, 110-111.

[49] 李庆, 韩菡, 李翠霞. 老龄化、地形差异与农户种植决策 [J]. 经济评论, 2019 (6): 97-108.

[50] 李升发, 李秀彬, 辛良杰等. 中国山区耕地撂荒程度及空间分布——基于全国山区抽样调查结果 [J]. 资源科学, 2017, 39 (10): 1801-1811.

[51] 李升发, 李秀彬. 耕地撂荒研究进展与展望 [J]. 地理学报, 2016, 71 (3): 370-389.

[52] 李燕燕, 陈琼, 刘峰贵等. 青藏高原东北部耕地撂荒影响因素分析——以湟水上游为例 [J]. 农业现代化研究, 2019, 40 (6): 993-1001.

[53] 李永萍. 土地抛荒的发生逻辑与破解之道 [J]. 经济学家, 2018 (10): 90-96.

[54] 李永实. 比较优势理论与农业区域专业化发展——以福建省为例 [J]. 经济地理, 2007, 27 (4): 621-624.

[55] 李赞红, 阎建忠, 花晓波, 辛良杰, 李秀彬. 不同类型农户撂荒及其影响因素研究——以重庆市12个典型村为例 [J]. 地理研究, 2014, 33 (4): 721-734.

[56] 李芷萱, 杨晨钰婧, 王萌睿. "森林是粮库"视角下中国森林食

品产业发展问题探讨［J］.世界林业研究，2023，36（4）：132－136.

［57］励汀郁，普蓂喆，钟钰.食物安全还是资源安全："大食物观"下对中国食物缺口的考察［J］.经济学家，2023（5）：109－117.

［58］梁伟.农民理性扩张与小农经济再认识［J］.现代经济探讨，2023（1）：114－122.

［59］林嵩，姜彦福.结构方程模型理论及其在管理研究中的应用［J］.科学学与科学技术管理，2006（2）：38－41.

［60］林志友，胡爽.改革开放以来中国农民代际价值观差异及其引领［J］.社会科学战线，2020（6）：246－251.

［61］刘布春，王石立，马玉平.国外作物生长模型区域应用中升尺度问题的研究［J］.中国生态农业学报，2003，11（4）：94－96.

［62］刘斐耀，尤全刚，吴思渊等.干旱区绿洲耕地撂荒与复耕对土壤水力性质的影响［J］.中国沙漠，2021，41（6）：169－178.

［63］刘晓曈，张海东.理性选择视角下特大城市居民超时劳动的成因研究［J］.济南大学学报（社会科学版），2022，32（5）：139－151.

［64］刘兴花，王勇.乡村振兴背景下农民集中居住意愿与行为的代际差异研究［J］.南京农业大学学报（社会科学版），2021，21（5）：117－126.

［65］刘炎周，王芳，郭艳等.农民分化、代际差异与农房抵押贷款接受度［J］.中国农村经济，2016（9）：16－29.

［66］娄文龙，张娟.政策工具视角下住房保障政策文本量化研究——基于改革开放40年的考察［J］.四川理工学院学报（社会科学版），2019，34（5）：1－23.

［67］罗必良，万燕兰，洪炜杰等.土地细碎化、服务外包与农地撂荒——基于9省区2704份农户问卷的实证分析［J］.经济纵横，2019（7）：63－73.

［68］罗明忠，刘恺，朱文珏.产权界定中的农户相机抉择及其行为转变：以农地确权为例［J］.财贸研究，2018，29（5）：43－53.

［69］罗文斌，雷洁琼，楚雪莲.乡村转型视域下农村土地旅游化利用行为驱动机理——基于计划行为理论和人际行为理论的整合框架［J］.长江流域资源与环境，2023，32（1）：221－233.

［70］罗毅，郭伟.作物模型研究与应用中存在的问题［J］.农业工程

学报，2008，24（5）：307-312.

[71] 孟菲，谭永忠，陈航等. 中国耕地"非粮化"的时空格局演变及其影响因素 [J]. 中国土地科学，2022，36（1）：97-106.

[72] 孟菲，熊雯颖，谭永忠. 面向食物多元供给的耕地用途管制制度改进 [J]. 土地科学动态，2022（5）：17-21.

[73] 彭继权，吴海涛，孟权. 家庭生命周期、社会资本与农户生计策略研究 [J]. 中国农业大学学报，2018，23（9）：196-217.

[74] 彭万勇，王刚毅，谷继建. 森林"粮库"：粮食增产稳产功能拓展与可能证据 [J]. 东北农业大学学报（社会科学版），2023，21（2）：11-22.

[75] 冉清文，孙丹青. 新生代农民工的特点与面临的新挑战 [J]. 农业经济，2020（12）：62-64.

[76] 史铁丑，李秀彬. 欧洲耕地撂荒研究及对我国的启示 [J]. 地理与地理信息科学，2013，29（3）：101-103.

[77] 宋敏，张安录. 大食物观视阈下的耕地利用转型：现实挑战、理论逻辑与实现路径 [J]. 中国土地科学，2023，37（8）：31-41.

[78] 宋小青，欧阳竹. 1999-2007年中国粮食安全的关键影响因素 [J]. 地理学报，2012，67（6）：793-803.

[79] 孙兰英，苏长好，候光辉. 政策工具视阈下中国养老政策分析与思考 [J]. 天津大学学报（社会科学版），2018，20（4）：289-295.

[80] 田永中. 基于栅格的中国陆地生态系统食物供给功能评估 [D]. 北京：中国科学院地理科学与资源研究所，2004.

[81] 田玉军，李秀彬，马国霞等. 劳动力析出对生态脆弱区耕地撂荒的影响 [J]. 中国土地科学，2010，24（7）：4-9.

[82] 万亚胜，程久苗，吴九兴等. 基于计划行为理论的农户宅基地退出意愿与退出行为差异研究 [J]. 资源科学，2017，39（7）：1281-1290.

[83] 王晨亮. 中国食物供给与人口压力的综合集成模拟分析方法研究 [D]. 北京：中国科学院地理科学与资源研究所，2014.

[84] 王国刚，刘彦随，刘玉. 城镇化进程中农村劳动力转移响应机理与调控——以东部沿海地区为例 [J]. 自然资源学报，2013，28（1）：1-9.

[85] 王丽惠，赵晓峰. "非粮化"整治的负外部性及政策优化 [J].

学术论坛, 2021, 44 (6): 11-23.

[86] 王莉雁, 肖燚, 饶恩明等. 全国生态系统食物生产功能空间特征及其影响因素 [J]. 自然资源学报, 2015, 30 (2): 188-196.

[87] 王倩, 邱俊杰, 余劲. 移民搬迁是否加剧了山区耕地撂荒?——基于陕南三市1578户农户面板数据 [J]. 自然资源学报, 2019, 34 (7): 1376-1390.

[88] 王情, 岳天祥, 卢毅敏等. 中国食物供给能力分析 [J]. 地理学报, 2010, 65 (10): 1229-1240.

[89] 王情. 食物供给模拟分析方法及其应用 [D]. 北京: 中国科学院地理科学与资源研究所, 2011.

[90] 王善高, 田旭. 农村劳动力老龄化对农业生产的影响研究——基于耕地地形的实证分析 [J]. 农业技术经济, 2018 (4): 15-26.

[91] 王效瑞, 田红. 山区作物气候生产潜力估算中参数的计算和修正问题 [J]. 应用气象学报, 1996, 7 (4): 500-506.

[92] 魏佳兴, 王志彬, 高雷等. 农民土地意识代际差异对征地意愿的影响 [J]. 水土保持研究, 2019, 26 (1): 344-351.

[93] 文军. 从生存理性到社会理性选择: 当代中国农民外出就业动因的社会学分析 [J]. 社会学研究, 2001 (6): 19-30.

[94] 翁贞林. 农户理论与应用研究进展与述评 [J]. 农业经济问题, 2008 (8): 93-100.

[95] 吴传钧. 因地制宜发挥优势逐步发展我国农业生产的地域专业化 [J]. 地理学报, 1981, 48 (4): 349-357.

[96] 吴群, 邹金浪. 耕地质量禀赋、要素投入与产出效率 [M]. 北京: 科学出版社, 2019.

[97] 吴晓婷, 杨锦秀, 曾建霞. 土地确权颁证减少农地撂荒的区位差异与时间效应——基于农地流转的机制分析与实证检验 [J]. 西部论坛, 2021, 31 (1): 113-124.

[98] 吴宇哲, 许智钇. 大食物观下的耕地保护策略探析 [J]. 中国土地, 2023 (1): 4-8.

[99] 吴郁玲, 张佩, 于亿亿等. 粮食安全视角下中国耕地"非粮化"

研究进展与展望 [J]. 中国土地科学, 2021, 35 (9): 116-124.

[100] 武舜臣, 赵策, 胡凌啸. 转变中的粮食安全观: 理论期待与新粮食安全观的构建 [J]. 农业经济问题, 2022 (3): 17-28.

[101] 晓叶. 从"占补平衡"到"进出平衡" [J]. 中国土地, 2022 (1): 1.

[102] 谢花林, 黄萤乾. 不同代际视角下农户耕地撂荒行为研究——基于江西省兴国县293份农户问卷调查 [J]. 中国土地科学, 2021, 35 (2): 20-30.

[103] 谢俊奇, 蔡玉梅, 郑振源等. 基于改进的农业生态区法的中国耕地粮食生产潜力评价 [J]. 中国土地科学, 2004, 18 (4): 31-37.

[104] 谢舜, 周鸿. 科尔曼理性选择理论评述 [J]. 思想战线, 2005 (2): 70-73.

[105] 谢余初, 张素欣, 刘巧珍等. 基于热量的食物供给服务时空分异研究——以广西土地农产品为例 [J]. 中国生态农业学报 (中英文), 2020, 28 (12): 1859-1868.

[106] 谢云, Kiniry J. R. 国外作物生长模型发展综述 [J]. 作物学报, 2002, 28 (2): 190-195.

[107] 辛良杰. 中国居民膳食结构升级、国际贸易与粮食安全 [J]. 自然资源学报, 2021, 36 (6): 1469-1480.

[108] 熊波, 石人炳. 农民工永久性迁移意愿影响因素分析——以理性选择理论为视角 [J]. 人口与发展, 2009, 15 (2): 20-26.

[109] 颜玉琦, 陈美球, 张洁等. 农户环境友好型耕地保护技术的采纳意愿与行为响应——基于江西省1092户农户测土配方施肥技术应用的实证 [J]. 中国土地科学, 2021, 35 (10): 85-93.

[110] 杨国永, 许文兴. 耕地抛荒及其治理——文献述评与研究展望 [J]. 中国农业大学学报, 2015, 20 (5): 279-288.

[111] 杨军, 吴晨. 撂荒农地再利用的生态经济效益及其影响因素——基于粤赣100家农业经营主体的调查 [J]. 中国土地科学, 2019, 33 (11): 61-69.

[112] 杨军. 新型农业经营主体的技术效率对撂荒农地再利用的影响——

基于 2014—2018 年粤赣的调查数据 [J]. 农业技术经济, 2019 (12): 34-42.

[113] 杨明智, 裴源生, 李旭东. 中国粮食自给率研究——粮食、谷物和口粮自给率分析 [J]. 自然资源学报, 2019, 34 (4): 881-889.

[114] 杨万江, 林斌, 刘琦等. 中国粮食安全新战略:"保口粮""稻米安全"与"一带一路" [J]. 世界农业, 2018 (6): 208-214.

[115] 杨雪, 谈明洪. 近年来北京市耕地多功能演变及其关联性 [J]. 自然资源学报, 2014, 29 (5): 733-743.

[116] 杨志海, 王雨濛. 不同代际农民耕地质量保护行为研究——基于鄂豫两省 829 户农户的调研 [J]. 农业技术经济, 2015 (10): 48-56.

[117] 姚柳杨, 赵敏娟, 徐涛. 经济理性还是生态理性? 农户耕地保护的行为逻辑研究 [J]. 南京农业大学学报 (社会科学版), 2016, 16 (5): 86-95, 156.

[118] 姚寿福. 专业化与农业发展 [M]. 成都: 西南交通大学出版社, 2011.

[119] 于沪宁, 赵丰收. 光热资源和农作物的光热生产潜力——以河北省栾城县为例 [J]. 气象学报, 1982, 40 (3): 327-334.

[120] 张婷. 新发展阶段的大食物观: 科学内涵、理论进路与现实向度 [J]. 理论月刊, 2023 (3): 14-23.

[121] 张颖诗, 冯艳芬, 王芳等. 广东省耕地非粮化的时空分异及其驱动机制 [J]. 资源科学, 2022, 44 (3): 480-493.

[122] 张占录, 张雅婷, 张远索等. 基于计划行为理论的农户主观认知对土地流转行为影响机制研究 [J]. 中国土地科学, 2021, 35 (4): 53-62.

[123] 赵晓峰, 刘子扬. "非粮化"还是"趋粮化": 农地经营基本趋势辨析 [J]. 华南农业大学学报 (社会科学版), 2021, 20 (6): 78-87.

[124] 郑阳阳, 罗建利. 农户缘何不愿流转土地: 行为背后的解读 [J]. 经济学家, 2019 (10): 104-112.

[125] 郑重. 农业劳动力向非农产业的转移是人类社会经济发展的必然规律 [J]. 中国农村经济, 1991 (2): 5-6.

[126] 中国营养学会. 中国居民膳食指南科学研究报告 [M]. 北京: 人民卫生出版社, 2021.

[127] 中华人民共和国国务院新闻办公室. 中国的粮食安全 [EB/OL]. 2019-10-14. http://www.scio.gov.cn/ztk/dtzt/39912/41906/index.htm.

[128] 钟甫宁, 胡雪梅. 中国棉花生产区域格局及影响因素研究 [J]. 农业技术经济, 2008 (1): 4-9.

[129] 钟太洋, 王柏源, 戴劲. "大食物观"与耕地"进出平衡"政策实施 [J]. 土地科学动态, 2022 (5): 35-39.

[130] 朱道林. 耕地"非粮化"的经济机制与治理路径 [J]. 中国土地, 2021 (7): 9-11.

[131] 朱会义, 李秀彬, 辛良杰. 现阶段我国耕地利用集约度变化及其政策启示 [J]. 自然资源学报, 2007, 22 (6): 907-916.

[132] 朱晓峰. 食物安全与经济发展 [J]. 学术界, 2002 (1): 14-20.

[133] 祝洪章, 秦勇. 我国粮食主产区农地流转"非粮化"问题及对策研究 [M]. 北京: 经济科学出版社, 2020.

[134] 邹健, 龙花楼. 改革开放以来中国耕地利用与粮食生产安全格局变动研究 [J]. 自然资源学报, 2009, 24 (8): 1366-1377.

[135] 邹金浪, 刘陶红, 张传等. 中国耕地食物生产变迁及"非粮化"影响评估 [J]. 中国土地科学, 2022, 36 (9): 29-39.

[136] 邹金浪, 杨子生, 吴群. 中国耕地利用产出的结构特征 [J]. 自然资源学报, 2015, 30 (8): 1267-1277.

[137] 邹金浪, 张传, 姚冠荣等. 山区农户耕地撂荒特征及代际异质性——基于赣南于都县的实证分析 [J]. 中国农业大学学报, 2023, 28 (3): 238-249.

[138] Ajzen I. The theory of planned behavior [J]. Organizational Behavior and Human Decision Processes, 1991, 50 (2): 179-211.

[139] Alajmi R. G. Factors that impact greenhouse gas emissions in Saudi Arabia: Decomposition analysis using LMDI [J]. Energy Policy, 2021 (156). doi: 10.1016/j.enpol.2021.112454.

[140] Alcantara C., Kuemmerle T., Baumann M. et al. Mapping the extent of abandoned farmland in Central and Eastern Europe using MODIS time series satellite data [J]. Environmental Research Letters, 2013, 8 (3): 035035.

[141] Ang B. W. LMDI decomposition approach: A guide for implementation [J]. Energy Policy, 2015, 86: 233-238.

[142] Bagozzi R. P., Yi Y. On the evaluation of structural equation models [J]. Journal of the Academy of Marketing Science, 1988, 16 (1): 74-94.

[143] Bennett M. K. International contrasts in food consumption [J]. Geographical Review, 1941, 31: 365-376.

[144] Corbelle-Rico E., Sanchez-Fernandez P., Lopez-Iglesias E. et al. Putting land to work: An evaluation of the economic effects of recultivating abandoned farmland [J]. Land Use Policy, 2022, 112: 105808.

[145] Dara A., Baumann M., Kuemmerle T. et al. Mapping the timing of cropland abandonment and recultivation in northern Kazakhstan using annual Landsat time series [J]. Remote Sensing of Environment, 2018, 213: 49-60.

[146] Deng X., Huang J., Rozelle S. et al. Cultivated land conversion and potential agricultural productivity in China [J]. Land Use Policy, 2006, 23 (4): 372-384.

[147] Deng X., Xu D. D., Zeng M. et al. Landslides and cropland abandonment in China's mountainous areas: spatial distribution, empirical analysis and policy implications [J]. Sustainability, 2018, 10 (11): 3909.

[148] Deng X., Zeng M., Xu D. D. et al.. Dose social capital help to reduce farmland abandonment? evidence from big survey data in rural China [J]. Land, 2020, 9 (10): 360.

[149] deWit C. T. Photosynthesis of leaf canopies [M]. Wageningen, The Netherlands, 1965.

[150] Dolton-Thornton N. Viewpoint: How should policy respond to land abandonment in Europe? [J]. Land Use Policy, 2021, 102: 105269.

[151] Dong H., Zhang Y., Chen T. et al. Acceptance Intention and Behavioral Response to Soil-Testing Formula Fertilization Technology: An Empirical Study of Agricultural Land in Shaanxi Province [J]. International Journal of Environmental Research and Public Health, 2023, 20 (2): 951.

[152] Egri C. P., Ralston D. A. Generation cohorts and personal values: a

comparison of China and the United States [J]. Organization Science, 2004, 15 (2): 210-220.

[153] Estel S., Kuemmerle T., Alcántara C., Levers C., Prishchepov A., Hostert P. Mapping farmland abandonment and recultivation across Europe using MODIS NDVI time series [J]. Remote Sensing of Environment, 2015, 163: 312-325.

[154] FAO, IFAD, UNICEF. et al. The State of Food Security and Nutrition in the World 2023. Urbanization, agrifood systems transformation and healthy diets across the rural-urban continuum [R]. Rome, FAO, 2023. https://doi.org/10.4060/cc3017en.

[155] FAO, IFAD, WFP. The State of Food Insecurity in the World 2013. The multiple dimensions of food security [R]. Rome, FAO, 2013.

[156] FAO. The State of Food and Agriculture 2012. Investing in agriculture for a better future [R]. Rome, FAO, 2012.

[157] Fayet C. M. J., Reilly K. H., Van Ham C. et al. The potential of European abandoned agricultural lands to contribute to the Green Deal objectives: Policy perspectives [J]. Environmental Science & Policy, 2022, 133: 44-53.

[158] Fayet C. M. J., Reilly K. H., Van Ham C. et al. What is the future of abandoned agricultural lands? A systematic review of alternative trajectories in Europe [J]. Land Use Policy, 2022, 112.

[159] Feng L., Zhang M., Li Y. et al. Satisfaction principle or efficiency principle? Decision-making behavior of peasant households in China's rural land market [J]. Land Use Policy, 2020, 99: 104943.

[160] Godfray H. C. J., Beddington J. R., Crute I. R. et al. Food security: the challenge of feeding 9 billion people [J]. Science, 2010, 327 (5967): 812-818.

[161] Griffiths P., Mueller D., Kuemmerle T., Hostert P. Agricultural land change in the Carpathian ecoregion after the breakdown of socialism and expansion of the European Union [J]. Environmental Research Letters, 2013, 8 (4): 045024.

[162] Guagnano G. A., Stern P. C., Dietz T. Influences on Attitude-Behavior Relationships: A Natural Experiment with Curbside Recycling [J]. Environment and Behavior, 1995, 27 (5): 699 – 718.

[163] Hammer G. L. Pathways to prosperity-Breaking the yield barrier in sorghum [J]. The Journal of the Australian Institute of Agricultural Science and Technology, 2006, 19 (2): 16 – 22.

[164] He Y. F., Xie H. L., Peng C. Z. Analyzing the behavioural mechanism of farmland abandonment in the hilly mountainous areas in China from the perspective of farming household diversity [J]. Land Use Policy, 2020, 99: 104826.

[165] Hou D., Meng F., Prishchepov A. V. How is urbanization shaping agricultural land-use? Unraveling the nexus between farmland abandonment and urbanization in China [J]. Landscape and Urban Planning, 2021, 214: 104170.

[166] Jiang C., Song W. Degree of abandoned cropland and socioeconomic impact factors in china: Multi-level analysis model based on the farmer and district/county levels [J]. Land, 2022, 11 (1): 8.

[167] Khanal Y., Devkota B. P. Farmers' responsibilization in payment for environmental services: Lessons from community forestry in Nepal [J]. Forest Policy and Economics, 2020, 118: 102237.

[168] Kline R. B. Principles and practice of structural equation modeling [M]. Guilford Press, 1998.

[169] Klusáček P., Navrátil J., Martinát S. et al. Planning for the future of derelict farm premises: From abandonment to regeneration? [J]. Land Use Policy, 2021, 102: 105248.

[170] Lasanta T., Arnaez J., Pascual N. et al. Space-time process and drivers of land abandonment in Europe [J]. Catena, 2017, 149: 810 – 823.

[171] Li L., Li G., Chen J. Professional Competence or Personal Relationship? Research on the Influencing Mechanism on Repeated Purchase Intention of Agricultural Resources [J]. International Journal of Environmental Research and Public Health, 2020, 17 (7): 2278.

[172] Lieth H. Modeling the primary productivity of the world [J]. Primary

productivity of the biosphere, 1975, 14: 237-263.

[173] Lordan C. M., Giroux B., Naess J. S. et al. Energy potentials, negative emissions, and spatially explicit environmental impacts of perennial grasses on abandoned cropland in Europe [J]. Environmental Impact Assessment Review, 2023, 98.

[174] Lu C. Does household laborer migration promote farmland abandonment in China? [J]. Growth and Change, 2020, 51 (4): 1804-1836.

[175] Luo K., Moiwo J. P. Rapid monitoring of abandoned farmland and information on regulation achievements of government based on remote sensing technology [J]. Environmental Science & Policy, 2022, 132: 91-100.

[176] Lyons S., Kuron L. Generational differences in the workplace: a review of the evidence and directions for future research [J]. Journal of Organizational Behavior, 2014, 35: S139-S157.

[177] Ma W., Zhu Z. A Note: Reducing Cropland Abandonment in China-Do Agricultural Cooperatives Play a Role? [J]. Journal of Agricultural Economics, 2020, 71 (3): 929-935.

[178] Mannheim K. The problem of generations [J]. Psychoanalytic Review, 1970, 57 (3): 378-404.

[179] Meyfroidt P., Schierhorn F., Prishchepov A. V. et al. Drivers, constraints and trade-offs associated with recultivating abandoned cropland in Russia, Ukraine and Kazakhstan [J]. Global Environmental Change-Human and Policy Dimensions, 2016, 37: 1-15.

[180] Monteith J. L., Moss C. J. Climate and the Efficiency of Crop Production in Britain [J]. Philosophical Transactions of the Royal Society of London, 1977, 281 (980): 277-294.

[181] OECD/FAO. OECD-FAO Agricultural Outlook 2013 [R]. Paris, OECD Publication, 2013.

[182] Ojha R. B., Atreya K., Kristiansen P. et al. A systematic review and gap analysis of drivers, impacts, and recultivation options for abandoned croplands in Nepal [J]. Land Use Policy, 2022, 120.

[183] Ortyl B., Kasprzyk I. Land abandonment and restoration in the Polish Carpathians after accession to the European Union [J]. Environmental Science & Policy, 2022, 132: 160-170.

[184] Pazur R., Lieskovsky J., Buergi M. et al. Abandonment and Recultivation of Agricultural Lands in Slovakia-Patterns and Determinants from the Past to the Future [J]. Land, 2020, 9 (9): 316.

[185] Peng J. Q., Chen J., Su C. et al. Will land circulation sway "grain orientation"? The impact of rural land circulation on farmers' agricultural planting structures [J]. PloS one, 2021, 16 (6).

[186] Prishchepov A. V., Ponkina E. V., Sun Z. et al. Revealing the intentions of farmers to recultivate abandoned farmland: A case study of the Buryat Republic in Russia [J]. Land Use Policy, 2021, 107: 105513.

[187] Royal Society. Reaping the Benefits: Science and the Sustainable Intensification of Global Agriculture [M]. London: The Royal Society, 2009.

[188] Rudel T. K., Coomes O. T., Moran E. et al. Forest transitions: towards a global understanding of land use change [J]. Global Environmental Change-Human and Policy Dimensions, 2005, 15 (1): 23-31.

[189] Sanga U., Park H., Wagner C. H. et al. How do farmers adapt to agricultural risks in northern India? An agent-based exploration of alternate theories of decision-making [J]. Journal of Environmental Management, 2021, 298: 113353.

[190] Shen D. Q. Factors that influence the regional agricultural production structure in China [D]. University of Maryland, 2010.

[191] Smaliychuk A., Mueller D., Prishchepov A. V., Levers C., Kruhlov I., Kuemmerle T. Recultivation of abandoned agricultural lands in Ukraine: Patterns and drivers [J]. Global Environmental Change-Human and Policy Dimensions, 2016, 38: 70-81.

[192] Stefanski J., Chaskovskyy O., Waske B. Mapping and monitoring of land use changes in post-Soviet western Ukraine using remote sensing data [J]. Applied Geography, 2014, 55: 155-164.

[193] Su Y., Li C. L., Wang K. et al. Quantifying the spatiotemporal dy-

namics and multi-aspect performance of non-grain production during 2000 – 2015 at a fine scale [J]. Ecological Indicators, 2019, 101: 410 – 419.

[194] Su Y., Qian K., Lin L. et al. Identifying the driving forces of non-grain production expansion in rural China and its implications for policies on cultivated land protection [J]. Land Use Policy, 2020, 92.

[195] Subedi Y. R., Kristiansen P., Cacho O. et al. Agricultural land abandonment in the hill agro-ecological region of Nepal: Analysis of extent, drivers and impact of change [J]. Journal of Environmental Management, 2021, 67 (6): 1100 – 1118.

[196] Subedi Y. R., Kristiansen P., Cacho O. Drivers and consequences of agricultural land abandonment and its reutilisation pathways: A systematic review [J]. Environmental Development, 2022, 42.

[197] Subedi Y. R., Kristiansen P., Cacho O. Reutilising abandoned cropland in the Hill agroecological region of Nepal: Options and farmers' preferences [J]. Land Use Policy, 2022, 117: 106082.

[198] Subedi Y. R., Kristiansen P., Cacho O. Reutilising abandoned cropland in the Hill agroecological region of Nepal: Options and farmers' preferences [J]. Land Use Policy, 2022, 117: 106082.

[199] Tao F. L., Yokozawa M., Zhang Z. et al. Remote sensing of crop production in China by production efficiency models: Models comparisons, estimates and uncertainties [J]. Ecological Modelling, 2005, 183 (4): 385 – 396.

[200] Terres J. M., Scacchiafichi L. N., Wania A. et al. Farmland abandonment in Europe: Identification of drivers and indicators, and development of a composite indicator of risk [J]. Land Use Policy, 2015, 49: 20 – 34.

[201] Wang H., Qiu L., Chen Z. et al. Is rationality or herd more conducive to promoting farmers to protect wetlands? A hybrid interactive simulation [J]. Habitat International, 2022, 128: 102647.

[202] Wang J., Cao Y., Fang X. et al. Does land tenure fragmentation aggravate farmland abandonment? Evidence from big survey data in rural China [J]. Journal of Rural Studies, 2022, 91: 126 – 135.

[203] Wojcik-Len J. Identifying Villages for Land Consolidation: A New Agricultural Wasteland Concentration Indicator [J]. Sustainability, 2022, 14 (24).

[204] Wu H., Estabrook R. Identification of Confirmatory Factor Analysis Models of Different Levels of Invariance for Ordered Categorical Outcomes [J]. Psychometrika, 2016, 81 (4): 1014 – 1045.

[205] Xie H. L., Zou J. L., Jiang H. L. et al. Spatiotemporal pattern and driving forces of arable land-use intensity in China: toward sustainable land management using emergy analysis [J]. Sustainability, 2014, 6 (6): 3504 – 3520.

[206] Xiong W., Lin E. D., Ju H. et al. Climate change and critical thresholds in China's food security [J]. Climatic Change, 2007, 81 (2): 205 – 221.

[207] Xu D. D., Deng X., Guo S. L. et al. Labor migration and farmland abandonment in rural China: empirical results and policy implications [J]. Journal of Environmental Management, 2019, 232: 738 – 750.

[208] Xu D. D., Deng X., Huang K. et al. Relationships between labor migration and cropland abandonment in rural China from the perspective of village types [J]. Land Use Policy, 2019, 88: 104164.

[209] Yan J., Gao S., Xu M. et al. Spatial-temporal changes of forests and agricultural lands in Malaysia from 1990 to 2017 [J]. Environmental Monitoring and Assessment, 2020, 192 (12): 803.

[210] Yang H., Li X. B. Cultivated land and food supply in China [J]. Land Use Policy, 2000, 17 (2): 73 – 88.

[211] Yang Q., Zhang D. The influence of agricultural industrial policy on non-grain production of cultivated land: A case study of the "one village, one product" strategy implemented in Guanzhong Plain of China [J]. Land Use Policy, 2021, 108: 105579.

[212] Ye L. M., Ranst E. V. Production scenarios and the effect of soil degradation on long-term food security in China [J]. Global Environmental Change, 2009, 19: 464 – 481.

[213] Yin H., Butsic V., Buchner J. et al. Agricultural abandonment and

re-cultivation during and after the Chechen Wars in the northern Caucasus [J]. Global Environmental Change-Human and Policy Dimensions, 2019, 55: 149 – 159.

[214] Yue T., Wang Q., Lu Y. et al. Change trends of food provisions in China [J]. Global and Planetary Change, 2010, 72 (3): 118 – 130.

[215] Zhang J., Zhang F., Zhang D. et al. The grain potential of cultivated lands in Mainland China in 2004 [J]. Land use policy, 2009, 26 (1): 68 – 76.

[216] Zhang X., Yan G., He Y. et al. Do Disease and Pest Control Outsourcing Services Reduce Arable Land Abandonment? Evidence from China [J]. International Journal of Environmental Research and Public Health, 2022, 19 (18).

[217] Zhu X., Xiao G., Zhang D. et al. Mapping abandoned farmland in China using time series MODIS NDVI [J]. Science of the Total Environment, 2021, 755: 142651.